AF548445

IMPRESSUM

Math. Lempertz GmbH
Hauptstraße 354
53639 Königswinter
Tel.: 02223 / 90 00 36
Fax: 02223 / 90 00 38
info@edition-lempertz.de
www.edition-lempertz.de

Dieses Kochbuch wurde nach bestem Wissen und Gewissen verfasst. Weder der Verlag noch der Autor tragen die Verantwortung für ungewollte Reaktionen oder Beeinträchtigungen, die aus der Verarbeitung der Zutaten entstehen.
Der Markenname „Thermomix®" ist rechtlich geschützt und wird nur als Bestandteil der Rezepte verwendet. Für Schäden, die bei der Zubereitung der Gerichte an Personen oder Küchengeräten entstehen, wird keine Haftung übernommen. Bitte beachte die Anwendungshinweise der Gebrauchsanweisung deines Thermomixgerätes.

www.facebook.com/MIXtippRezepte

Umschlagvorderseite und -rückseite: ©Corinna Nuber
Lektorat: Annemarie Ulrich, Melanie Quandt-Lützner
Layout/Satz: Christine Mertens
Druck und Bindung: Print Consult GmbH, München
Printed and bound in Slovakia

ISBN: 978-3-96058-370-7

Fotos:
©Corinna Nuber
©Adobe Stock: makistock, Наталья Кириллова, pinkyone, Наталья Кириллова, K.-U. Häßler, olga_milagros, lovemask, poe, Renata, annebel146

CORINNA NUBER

Gesundes Backen rund ums Jahr

KOCHEN MIT DEM THERMOMIX®

LEMPERTZ

Inhalt

Frühjahr

Sommer

Herbst

Winter

Liebe Thermomixfreunde,

dachtet Ihr bisher Berliner, Erdbeerkuchen oder Maulwurfkuchen zu genießen, geht nur, wenn man mal eine Ausnahme von gesunder Ernährung macht?

Dann beweisen wir euch nun das Gegenteil! All diese Leckereien kann man auch gesund backen, ohne dass man auf den Genuss verzichten muss. Was macht die Gebäcke in diesem Buch nun gesünder, als „normales Backwerk"?

Corinna Nuber verzichtet in ihren Rezepten komplett auf industriell hergestellten Zucker und gibt an den Kuchen nur so viel Fett, wie nötig. Gesüßt wird mit Ahornsirup, Honig, Kokosblütenzucker oder getrockneten Früchten. Das kann zunächst einmal ungewöhnlich wirken, aber auf Dauer, ist es um einiges gesünder, sich an natürliche Süßungsmittel zu gewöhnen und sich vom industriell hergestellten Zucker zu entwöhnen! Mit diesem Buch kann es euch ganz leicht gelingen, denn es ist euer treuer Begleiter fürs ganze Jahr! Zu Ostern gibt es gesunde Quarkhasen, im Sommer eine leckere Blaubeertarte, im Herbst einen versunkenen Apfelkuchen und zu Weihnachten einen Spekulatius-Käsekuchen!

Das klingt doch klasse, oder? Wir sind in jedem Fall begeistert und wünschen euch viel Spaß beim Backen und Probieren!

Antje Watermann

Herausgeberin, Edition Lempertz

Einleitung

Nach dem Erscheinen meines ersten Buchs „Gesundes Backen mit dem Thermomix®“ stelle ich euch in meinem zweiten Buch „Gesundes Backen rund ums Jahr“ Lieblingsrezepte meiner Familie vor, die wir in den verschiedenen Jahreszeiten Frühling, Sommer, Herbst und Winter lieben.

Wie in meinem ersten Buch „Gesundes Backen“ verwende ich auch bei den Rezepten in „Gesundes Backen rund ums Jahr“ natürliche Süßungsmittel.

Bei ein paar Rezepten für die Oster- und Weihnachtszeit gebe ich anstelle der natürlichen Süßungsmittel auch eine Variante mit Rohrohrzucker und Puderzucker an, so kann jeder selbst entscheiden, wie natürlich bei besonderen Anlässen gesüßt werden soll.

Bei allen Rezepten ist die Süßungsmittel- und Fettmenge nur so hoch wie nötig, um kalorienbewusst zu backen und dennoch einen optimalen Geschmack und eine perfekte Teigkonsistenz zu erhalten.

Meine Basiszutaten

Vorweg sei angemerkt, dass ich generell darauf achte, Zutaten in Bio-Qualität zu verwenden.

Backpulver:
Beim Backpulver verwende ich ausschließlich Bio-Backpulver mit Reinweinstein, das im Gegensatz zum herkömmlichen Backpulver natürliche Weinsteinsäure anstelle von Phosphat enthält, was sich in einem deutlich neutraleren Geschmack bemerkbar macht.

Eier:
Eier sind neben einer sehr guten Eiweißquelle auch Lieferant des Stoffs Cholin, das unter anderem für den Fetttransport aus der Leber verantwortlich ist. Zudem kommt in Eiern eine große Menge an Vitamin B 12 vor, welches für die Blutbildung unerlässlich ist.
Aufgrund der vielen positiven gesundheitlichen Aspekte verwende ich in meinen Rezepten auch „richtige" Eier und keinen Ei-Ersatz. Ich habe das Privileg, dass meine Mama eigene Hühner hält und ich so an die frischesten und besten Bio-Eier komme. Wenn ihr aber Wert auf eine vegane Ernährung legt, könnt ihr natürlich die Eier in den Rezepten dementsprechend austauschen.

Fett:
In meinen Rezepten verwende ich vor allem Butter. Die in der Butter enthaltenen gesättigten Fettsäuren sind ein Schutz für unseren Darm, kräftigen unser Herz und schützen uns vor Diabetes.
Aber natürlich ist Butter auch nur in Maßen gesund. Deshalb verwende ich grundsätzlich in meinen Rezepten nur so viel Butter, wie für den Geschmack und die Saftigkeit des Teiges notwendig ist. Margarine und andere künstliche Mischfette verwende ich grundsätzlich nicht.

Hefe:
Ich verwende am liebsten frische Hefe, da diese aromatischer schmeckt als Trockenhefe. Frische Hefe sollte luftdicht verpackt im Kühlschrank gelagert werden. Das Einfrieren von frischer Hefe ist ebenfalls möglich. Bei der Verarbeitung sollte darauf geachtet werden, dass die Hefe nicht zu stark erhitzt wird, da bei Temperaturen über 45°C die Hefebakterien absterben und somit die Triebkraft verloren geht. Die optimale Temperatur für die Gärung des Teigs liegt bei ca. 32°C.

Mehl:
Nach der Lektüre des „Ernährungskompass" (2018) von Bas Kast, in dem u. a. die Studienlage zu Kohlenhydraten dargelegt wird, und ausdrücklich für ballaststoff- und mineralstoffreiches Vollkornmehl plädiert wird, egal welcher Getreidesorte, verwende ich inzwischen in vielen meiner Rezepte die Type 1050 oder Vollkornmehl.
Vor allem in der Oster- und Weihnachtsbäckerei finden sich aber auch Rezepte mit der Dinkelmehltype 630. Bei diesen Rezepten wäre eine höhere Mehltype doch recht untypisch für das Gebäck. Wo sich allerdings aus meiner Sicht al-

ternative Mehltypen anbieten, habe ich dies in den Rezepten vermerkt.

Milchprodukte:

Im „Ernährungskompass" (2018) von Bas Kast wird empfohlen, den Konsum von Milch so weit wie möglich einzuschränken, da Milch den Wachstumsfaktor IGF-1 enthält, der bei dauerhaft erhöhten Werten ungesund ist. Joghurt hingegen fällt in vielen Studien positiv als „Schlankmacher" Nr. 1 auf.

Aufgrund der aktuellen Studienlage verwende ich in meinen Rezepten möglichst keine Kuhmilch mehr. Aber natürlich bleibt es jedem selbst überlassen, welche Milch er letztlich verwenden möchte. Wenn man auf Kuhmilch verzichten will, kann man auf die vielen pflanzlichen Milchalternativen ausweichen. Mein persönlicher Favorit ist Hafermilch. Sie schmeckt mir nicht nur sehr gut, sondern sie lässt sich auch ganz einfach mit dem Thermomix® selbst herstellen.

Für 1 Liter Hafermilch brauchst du:

50 g Haferflocken
1 Liter kaltes Wasser
1 Prise Salz

Vermische alles 30 Sekunden/ Stufe 10. Fülle die Hafermilch in eine verschließbare Glasflasche um. Vor Gebrauch solltest du die Flasche gut schütteln. Im Kühlschrank hält sich die Hafermilch 4–5 Tage.

Schokolade:

Bei Schokolade verwende ich zum Backen in der Regel Zartbitterschokolade mit 70–85 % Kakao. Am Anfang ist der hohe Kakaoanteil auf jeden Fall eine Umstellung, da die Schokolade herb und weniger süß als normale Vollmilchschokolade schmeckt. Aber wenn man sich einmal an den Geschmack gewöhnt hat, kommt einem „normale" Schokolade zum Teil ungewöhnlich süß vor.

Süßungsmittel:

In meinen Rezepten verwende ich natürliche Süßungsmittel wie Honig, Ahornsirup, Kokosblütenzucker, Vollrohrzucker oder getrocknete Früchte. Diese Süßungsmittel sind in vielen herkömmlichen Lebensmittelläden erhältlich.
Zuckerreduzierte Rezepte mit natürlichen Süßungsmitteln sind für viele zunächst ungewöhnlich. Aber nach einiger Zeit bekommt man ein anderes Geschmacksempfinden, so dass „normal" gesüßte Kuchen einem oft viel zu süß vorkommen. Deshalb mein Tipp: Gerade in der Gewöhnungsphase, aber auch wenn Gäste zu Besuch sind, die nur „normal" süße Kuchen kennen, kann man auch mal ohne schlechtes Gewissen, da wo es sich anbietet, das Gebäck vor dem Backen mit konventionellem Hagelzucker bestreuen oder nach dem Backen mit „normalem" Puderzucker bestäuben.

Vanilleextrakt:

Häufig findet ihr in meinen Rezepten die Zutat Vanilleextrakt. Diesen könnt ihr ganz einfach selbst ansetzen: Schneidet dazu 2 Vanilleschoten in ca. 3–4 cm lange Stücke. Füllt diese in eine kleine Glasflasche (0,5 Liter) und füllt sie mit Rum oder Amaretto auf. Vor Gebrauch solltet ihr den Vanilleextrakt gut schütteln. Er hält sich durch den enthaltenen Alkohol ewig. Wenn er zur Neige gehen sollte, könnt ihr die Flasche einfach erneut mit Rum oder Amaretto auffüllen.

Meine Tipps

Backblech und -rahmen:
Alle im Backbuch befindlichen Rezepte können statt in einem Backrahmen auch auf einem Backblech gebacken werden. Dann wird allerdings der Kuchen niedriger und die Backzeit verkürzt sich etwas. Außerdem könnt ihr die Rezepte für den Backrahmen halbieren, wenn ihr sie in einer runden Springform mit ca. 26 cm Ø backen wollt.

Backformen:
Generell kleide ich Kasten- sowie Springformen und Backbleche oder -rahmen mit Backpapier aus, da so unnötiges Einfetten wegfällt und sich der Kuchen garantiert aus der Form löst. Guglhupf-Formen fette ich mit Rapsöl ein und bestreue sie anschließend mit Dinkelgrieß.

Frischhaltefolie:
Anstelle herkömmlicher Frischhaltefolie verwende ich kompostierbare Bio-Frischhaltefolie.

Hefeteig:
Am liebsten mache ich Hefeteig am Vorabend und lass ihn in einer großen, mit Olivenöl eingeölten Schüssel, mit Frischhaltefolie abgedeckt, im Kühlschrank über Nacht gehen.
Am nächsten Tag lass ich den Teig ca. 1 Stunde vor dem Weiterverarbeiten bei Zimmertemperatur ruhen, dann ist der Teig einfacher zu formen. Das lange Gehen hat zum einen den Vorteil, dass der Teig beim Formen nicht mehr so weich ist und zum anderen, dass der Teig mehr Aroma entwickelt und für die Verdauung verträglicher ist, da sogenannte FODMAPs abgebaut werden. FODMAPS (engl. fermentable oligo-, di-, monosaccharides and polyols“) sind schnell vergärende Kohlenhydrate, die unser Dünndarm nur schlecht resorbieren kann und deren Verdauung durch eine lange Teigführung (d.h. eine Gär-/ Gehzeit über 4 Stunden) verbessert wird, da die FODMAPS dann weitgehend abgebaut sind.

Vorheizen des Backofens:
Außer beim Backen von Biskuit und Blätterteig braucht man den Backofen nicht vorzuheizen. Allerdings habe ich das Vorheizen in den Rezepten angegeben, damit die Backzeit-Angabe genauer ist.

Zubereitungs- und Backzeiten:
Die Zubereitungs- und Backzeiten sind ungefähre Angaben und hängen zum einen von der Übung und zum anderen von eurem Backofen ab. So sind Unterschiede durchaus natürlich und sollten eingeplant werden.

Spülen des Thermomix®:
Vor dem Spülen fülle ich etwa 1 Liter Wasser mit einem Spritzer Spülmittel in den Thermomix® und lass das Wasser für 30 Sekunden/ 37°C/ Stufe 4–5 den Mixtopf vorsäubern.

Frühjahr

Corinnas Tipp

Lauwarm schmecken die Apfelkrapfen am besten! Sehr gerne essen wir sie mit 1 Klecks Sahnejoghurt und 1 Prise Zimt. Das passt übrigens auch gut zu vielen meiner anderen Kuchenkreationen, ebenso wie 1 Klecks Schlagsahne.

Apfelkrapfen

Apfelkrapfen gehören für uns auf jeden Fall in die Faschingszeit. Diese gesunde Variante aus dem Backofen ist eiweiß- und ballaststoffreich und noch dazu superschnell gemacht.

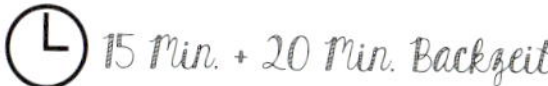

Zutaten

Utensilien:
Backblech, -papier
Backpinsel

Für den Quarkteig:
2 Äpfel, mittelgroß, geviertelt und entkernt
300 g Weizen- oder Dinkelmehl, Type 1050
60 g Honig oder Ahornsirup
½ Pck. Backpulver
250 g Speisequark, 20 % Fett
½ TL Zimt
1 EL Vanilleextrakt oder Mark von ½ Vanilleschote
60 g Butter, weich

Zum Bestreichen und Bestreuen:
20 g Butter, weich
Kokosblüten- oder Vollrohrzucker mit Zimt vermischt

1. Heize den Backofen auf 200°C Umluft (180°C Ober-/Unterhitze) vor und belege das Backblech mit Backpapier.

2. Zerkleinere die geviertelten Äpfel im Mixtopf grob 3 Sekunden/ Stufe 5 und fülle sie in eine separate Schüssel um.

3. Gib Mehl, Honig oder Ahornsirup, Backpulver, Quark, Zimt, Vanille und Butter in den Mixtopf und vermische alle Zutaten 15 Sekunden/ Stufe 5 zu einem krümeligen Teig.

4. Füge nun die beiseitegestellten Äpfel zum Teig hinzu und mische diese 10 Sekunden/ Linkslauf/ Stufe 3 unter.

5. Gib mithilfe von 2 Esslöffeln 10 große Kleckse des Teigs auf das vorbereitete Blech.

6. Backe die Krapfen im vorgeheizten Ofen 20 Minuten/ 200°C Umluft (180°C Ober-/Unterhitze).

7. Bestreiche die noch heißen Krapfen mit der Butter und wälze sie ringsherum leicht in der Zimt-Zucker-Mischung..

Corinnas Tipp
Lauwarm schmecken
die Berliner am besten!
Bei der Füllung der Berliner
sind dir keine Grenzen gesetzt!
Probiere einfach deine
Lieblingsmarmelade aus.
Hervorragend schmeckt aber
auch eine Puddingfüllung.

Berliner

Meine Oma hat zur Faschingszeit immer Berliner gebacken. Es gab bergeweise Berliner, so dass jeder so viele essen konnte, bis er pappsatt war. Die gesunde Berliner-Variante wird statt im Butterschmalz im Backofen gebacken.

Zutaten

Utensilien:
2 Backbleche, -papier
Frischhaltefolie
Backpinsel
Spritzbeutel mit langer, dünner Tülle

Für den Hefeteig:
250 g pflanzliche Milch, z.B. Hafermilch
½ Würfel Frischhefe
20 g Kokosblüten- oder Vollrohrzucker
500 g Dinkelmehl, Type 630
1 Ei, Größe M
1 TL Salz
60 g Butter, kalt, in Stücken

Für die Füllung:
feine Himbeer- oder Hagebuttenkonfitüre

Zum Bestreichen und Bestreuen:
40 g zerlassene Butter
Kokosblüten- oder Vollrohrzucker mit Zimt vermischt

1. Erwärme die pflanzliche Milch mit der Hefe und dem Zucker im Mixtopf 3 Minuten/ 37°C/ Stufe 1. Gib Mehl, Ei und Salz in den Mixtopf dazu und knete alles 2 Minuten/ Teigknetstufe. Füge dann die Butter hinzu und knete nochmals alles 1 Minute/ Teigknetstufe zu einem geschmeidigen Teig. Fülle den Teig um und lass ihn in ca. 1 Stunde mit Frischhaltefolie und einem Geschirrtuch abgedeckt an einem warmen Ort gehen, bis er sein Volumen verdoppelt hat. Heize den Backofen auf 180°C Umluft (200°C Ober-/Unterhitze) vor und lege die Backbleche mit Backpapier aus.

2. Teile den Teig nach der Ruhezeit in 20 Stücke und rolle diese auf der leicht bemehlten Arbeitsfläche zu Kugeln.

3. Verteile die Teigkugeln auf den vorbereiteten Blechen. Lass die Berliner mit Frischhaltefolie und Geschirrtuch abgedeckt nochmals 15 Minuten gehen.

4. Backe die Berliner im vorgeheizten Ofen 15 Minuten/ 180°C Umluft (200°C Ober-/Unterhitze) goldgelb. Zerlasse in der Zwischenzeit die Butter im sauberen Mixtopf 2 Minuten/ 50°C/ Stufe 1. Bestreiche die noch heißen Berliner mit der zerlassenen Butter und wälze sie in der Zimt-Zucker-Mischung.

5. Fülle die lauwarmen Berliner mithilfe eines Spritzbeutels mit langer, dünner Tülle mit der Konfitüre.

Quarkhasen

Diese Quarkhasen sind aus Quarkteig, da dieser nicht so stark aufgeht wie Hefeteig und deshalb die Hasenform nach dem Backen noch gut zu erkennen ist. Beim klassischen Quark-Öl-Teig mag ich den Geschmack des Öls nicht, so dass ich für dieses Rezept Butter anstelle des Öls im Teig verwende.

Zutaten

Utensilien:
2 Backbleche, -papier
große Hasenausstechform
Backpinsel

Für den Quarkteig:
75 g Honig oder Ahornsirup
1 EL Vanilleextrakt oder Mark von ½ Vanilleschote
½ TL Salz
250 g Speisequark, 20 % Fett
1 Ei + 1 Eiweiß, Größe M
80 g Butter, weich
400 g Dinkelmehl, Type 630
1 Pck. Backpulver

Zum Weiterverarbeiten, Verzieren und Bestreichen:
1 EL sehr mildes Olivenöl
1 Eigelb, Größe M
1 EL Schlagsahne, mind. 30 % Fett
Rosinen, Mandelblättchen oder Mandelstifte

1. Heize den Backofen auf 180 °C Umluft (200 °C Ober-/Unterhitze) vor. Belege die Backbleche mit Backpapier.

2. Gib Honig oder Ahornsirup, Vanille, Salz, Quark, Ei, Eiweiß und Butter in den Mixtopf und rühre die Zutaten 30 Sekunden/ Stufe 4 glatt. Gib dann das Mehl und das Backpulver dazu und verarbeite alles 20 Sekunden/ Stufe 4,5 zu einem glatten Teig.

3. Bestreiche das Backpapier mit Öl, nimm den Teig aus dem Mixtopf und rolle den Teig auf dem eingeölten Papier ca. 1 cm dick aus. Dann stichst du mit der Ausstechform ca. 10 Hasen aus.

4. Setze die Hasen auf die vorbereiteten Backbleche. Verquirle das Eigelb mit der Sahne und bestreiche die Hasen mit der Mischung. Verziere sie nach Belieben mit Rosinen, Mandelblättchen oder Mandelstiften.

5. Backe die Hasen im vorgeheizten Ofen 15 Minuten/180 °C Umluft (200 °C Ober-/Unterhitze), bis sie goldgelb sind.

Corinnas Tipp

Bereite den Hefeteig schon am Vorabend vor und lass ihn, mit Frischhaltefolie abgedeckt, im Kühlschrank gehen. Backe die Osternester dann frisch zum Frühstück oder Nachmittagskaffee. Damit die Stränge der Zöpfe schön einzeln sichtbar bleiben, rolle den Teig auf etwas Speisestärke aus.

Osternester aus Hefe-Quark-Teig

Die Osternester kann man sehr gut verschenken oder sie passen wunderbar als Willkommensgruß auf den Kuchenteller an Ostern.

Zutaten

Utensilien:
Backblech, -papier
Frischhaltefolie
Backpinsel

Für den Hefequarkteig:
200 g pflanzliche Milch, z.B. Hafer
½ Würfel Frischhefe
50 g Honig oder Ahornsirup
1 EL Vanilleextrakt oder Mark von ½ Vanilleschote, alternativ: 1 Pck. Vanillezucker
600 g Dinkelmehl, Type 630; nach Belieben 100 g Mehl durch Vollkornmehl ersetzen
250 g Speisequark, 20 % Fett
1 Eiweiß, Größe M
1 TL Salz

Zum Bestreichen und Bestreuen:
1 Eigelb, Größe M
1 EL Schlagsahne, mind. 30 % Fett
gehackte Mandeln oder Mandelstifte, alternativ: Hagelzucker

1. Erwärme die pflanzliche Milch mit der Hefe und dem Honig oder Ahornsirup im Mixtopf 3 Minuten/ 37°C/ Stufe 1. Gib Vanille, Mehl, Quark, Eiweiß und Salz in den Mixtopf dazu und knete alles 2 Minuten/ Teigknetstufe zu einem geschmeidigen Teig. Fülle den Teig um und lass ihn in ca. 1 Stunde mit Frischhaltefolie und einem Geschirrtuch abgedeckt an einem warmen Ort gehen, bis er sein Volumen verdoppelt hat. Heize in der Zwischenzeit den Backofen auf 160°C Umluft (180°C Ober-/Unterhitze) vor und lege die Backbleche mit Backpapier aus.

2. Teile den Teig nach der Ruhezeit in 30 gleich große Portionen. Forme diese zu ca. 30 cm langen Rollen und flechte immer aus 3 der Rollen einen Zopf. Forme diesen zu einem Nest.

3. Setze die Nester auf die vorbereiteten Bleche und bestreiche sie mit dem mit Sahne verquirlten Eigelb. Bestreue die Nester nach Belieben mit Mandeln, Mandelstiften oder Hagelzucker.

4. Backe die Nester im vorgeheizten Backofen 20 Minuten/ 160°C Umluft (180°C Ober-/Unterhitze), bis sie goldgelb sind.

Corinnas Tipp
Am besten schmeckt das Osterlamm durchgezogen und ausgekühlt am nächsten Tag.

Ostern ohne Osterlamm kann ich mir nicht vorstellen. Und deshalb verrate ich an dieser Stelle unser Lieblingsfamilienrezept.

Osterlamm

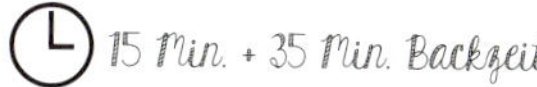

Zutaten

Utensilien:
Lammbackform, ca. 500 ml
Backpinsel
Kuchengitter

Für den Rührteig:
50 g Mandeln, ungeschält
100 g Butter, weich
50 g Honig oder Ahornsirup
1 Prise Salz
2 Eier, Größe M
100 g Dinkelmehl, Type 630
1 TL Backpulver
¼ Fl. Rum-Aroma oder 1 EL Vanilleextrakt

Zum Einfetten und Bestäuben:
zerlassene Butter
etwas Mehl
Puderzucker

1. Heize den Backofen auf 160 °C Umluft (180 °C Ober-/Unterhitze) vor. Fette die Lammbackform ein und stäube sie mit Mehl aus.
2. Mahle die Mandeln im Mixtopf 7 Sekunden/ Stufe 10 fein und fülle sie in eine separate Schüssel um. Reinige den Mixtopf.
3. Rühre die Butter zusammen mit dem Ahornsirup oder Honig und dem Salz 20 Sekunden/ Stufe 4,5 schaumig.
4. Schlage die Masse weiter 1 Minute/ Stufe 4,5 und gib dabei die Eier nacheinander durch die Deckelöffnung dazu.
5. Füge nun die gemahlenen Mandeln, das Mehl, das Backpulver und das Aroma oder den Vanilleextrakt hinzu und hebe die Zutaten 10 Sekunden/ Stufe 4,5 mithilfe des Spatels unter.
6. Gib den Teig in die vorbereitete Form und backe das Lamm 35 Minuten/ 160 °C Umluft (180 °C Ober-/Unterhitze). Mache am Ende der Backzeit eine Stäbchenprobe. Bleibt am Holzstäbchen kein Teig mehr hängen, ist der Kuchen fertig, ansonsten verlängere die Backzeit um ein paar Minuten.
7. Lass das Osterlamm 30 Minuten in der Form auskühlen, löse es dann aus der Form und lass es auf einem Kuchengitter vollständig auskühlen.
8. Bestäube das Osterlamm vor dem Servieren mit Puderzucker.

Corinnas Tipp
Der Kuchen schmeckt ausgekühlt am nächsten Tag am besten.

Rhabarber und Kokos passen wunderbar zusammen. Allerdings kannst du diesen Käsekuchen beliebig variieren und jedes andere Obst der Saison nehmen, wie z.B. Beeren, Kirschen oder Aprikosen.

Rhabarber-Kokos-Käsekuchen

Zutaten

Utensilien:
Frischhaltefolie
Springform, Ø 24–26 cm
Backpapier

Für den Mürbteig:
150 g Weizen- oder Dinkelmehl, Type 1050 oder Vollkornmehl
50 g Kokosflocken
1 TL Backpulver
50 g Butter, kalt, in Stücken
25 g Kokosblütenzucker oder Vollrohrzucker
1 Ei, Größe M
½ TL Salz

Für den Belag:
500 g Magerquark
400 g Kokosmilch
40 g Speisestärke
80 g Ahornsirup
2 Eier, Größe M
1 EL Vanilleextrakt
500 g Rhabarber, geputzt, in 1–2 cm großen Stücken (frisch oder TK)

Zum Bestreuen:
20 g Kokosraspel

1. Gib Mehl, Kokosflocken, Backpulver, Butter, Zucker, Ei und Salz in den Mixtopf und verarbeite die Zutaten 30 Sekunden/ Stufe 5 zu einem homogenen Mürbteig. Nimm den Teig aus dem Mixtopf, wickle ihn in Frischhaltefolie und lass ihn 30 Minuten im Kühlschrank ruhen.

2. Heize währenddessen den Backofen auf 160°C Umluft (180°C Ober-/Unterhitze) vor. Lege die Springform mit Backpapier aus.

3. Verteile den Teig nach der Ruhezeit auf dem Boden der vorbereiteten Springform.

4. Reinige den Mixtopf. Verrühre für den Belag Magerquark, Kokosmilch, Speisestärke, Ahornsirup, Eier und Vanilleextrakt im Mixtopf 20 Sekunden/ Stufe 5.

5. Verteile die Hälfte der Rhabarberstücke auf dem Teigboden, gib die Quarkmischung darauf und verteile die restlichen Rhabarberstücke auf der Quarkmasse. Bestreue den Kuchen mit den Kokosraspeln.

6. Backe den Kuchen im vorgeheizten Ofen 60 Minuten/ 160°C Umluft (180°C Ober-/Unterhitze), bis er eine goldgelbe Farbe angenommen hat. Mache am Ende der Backzeit eine Stäbchenprobe in der Mitte des Kuchens. Ist die Füllung nicht mehr zu weich oder flüssig, ist der Kuchen fertig. Ansonsten verlängere die Backzeit um ein paar Minuten.

Rhabarber-Joghurt-Streuselkuchen

Dieser Kuchen ist eine Kombination aus knusprigem Streusel- und saftigem Joghurtteig. Vorlage für diese Kreation war ein Kirschkuchen eines Freiburger Cafés, den ich am Tag meines bestandenen Französisch-Staatsexamens gegessen habe. Ein denkwürdiger Kuchen also!

Zutaten

Utensilien:
Springform, Ø 24–26 cm
Backpapier

Für den Streuselteig:
200 g Weizen- oder Dinkelmehl, Type 1050
1 TL Backpulver
70 g Butter, kalt, in Stücken
25 g Kokosblütenzucker oder Vollrohrzucker
1 Ei, Größe M
1 Prise Salz
½ TL Zimt
2 EL Vanilleextrakt oder Mark von ½ Vanilleschote

Für den Joghurtteig:
300 g Weizen- oder Dinkelmehl, Type 1050
2 TL Backpulver
1 TL Natron
100 g Butter, weich
200 g Sahnejoghurt, 10 % Fett
100 g Ahornsirup oder Honig
2 Eier, Größe M
2 EL Vanilleextrakt oder Mark von ½ Vanilleschote

Für den Belag:
500 g Rhabarber, geputzt, in 1–2 cm Stücken, frisch oder TK, aufgetaut

1. Heize zunächst den Backofen auf 160 °C Umluft (180 °C Ober-/Unterhitze) vor. Kleide die Springform mit Backpapier aus.

2. Gib für den Streuselteig Mehl, Backpulver, Butter, Zucker, Ei, Salz, Zimt und Vanilleextrakt in den Mixtopf und verarbeite alles in 10 Sekunden/ Stufe 5 zu Streuseln. Verteile die Hälfte der Streusel in der vorbereiteten Springform und stelle die andere Hälfte der Streusel in einer separaten Schüssel beiseite.

3. Verrühre für den Joghurtteig Mehl, Backpulver, Natron und Butter in 20 Sekunden/ Stufe 5 zu feinen Streuseln. Fülle diese in eine große Schüssel um. Reinige den Mixtopf.

4. Verrühre nun Joghurt, Sirup oder Honig, Eier und Vanilleextrakt 20 Sekunden/ Stufe 4 und gib die Masse zu den feinen Streuseln in die große Schüssel. Verrühre alles vorsichtig mit einem großen Löffel nur so lange, bis gerade so ein Teig entsteht. Gerne dürfen noch ein paar Klümpchen vorhanden sein. Wichtig ist, den Teig nicht zu überrühren, da er sonst zäh wird und nicht mehr schön aufgeht.

5. Gib nun den Joghurtteig auf den Streuselboden, verteile die Rhabarberstücke gleichmäßig auf dem Teig und gib die zur Seite gestellten restlichen Streusel auf den Rhabarber.

6. Backe den Kuchen im vorgeheizten Ofen 40 Minuten/ 160 °C Umluft (180 °C Ober-/Unterhitze) , bis er eine goldgelbe Farbe angenommen hat. Mache am Ende der Backzeit eine Stäbchenprobe. Bleibt kein Teig mehr am Holzstäbchen hängen, ist der Kuchen fertig, ansonsten verlängere die Backzeit um ein paar Minuten.

Corinnas Tipp
Die Tarte schmeckt
ausgekühlt am nächsten
Tag am besten.

Rhabarber-Tarte

mit Hafermilch-Grießpudding

Diese Rhabarber-Tarte ist mit dem Hafermilch-Grießpudding ganz besonders cremig. Wenn die Rhabarbersaison vorbei ist, kannst du natürlich auch anderes Obst der Saison verwenden. Sehr gerne mögen wir die Tarte zum Beispiel mit Heidelbeeren.

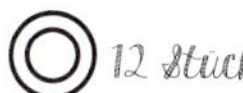

Zutaten

Utensilien:
Tarteform, Ø 28–30 cm
Frischhaltefolie
Backpapier

Für den Mürbteig:
200 g Weizen- oder Dinkelmehl, Type 1050
80 g Butter, kalt, in Stücken
20 g Kokosblütenzucker oder Vollrohrzucker
½ TL Salz
30–50 g Wasser

Für den Belag:
450 g pflanzliche Milch, z.B. Hafer
1 Prise Salz
80 g Ahornsirup oder Honig
60 g Weizen- oder Dinkelgrieß
2 Eier, Größe M
100 g Schlagsahne, mind. 30 % Fett
1 EL Vanilleextrakt oder Mark von ½ Vanilleschote
500 g Rhabarber, geputzt, in 1–2 cm Stücken, frisch oder TK

Nach Belieben zum Bestreuen:
Pistazien, gehackt

1. Gib Mehl, Butter, Zucker, Salz und Wasser in den Mixtopf und verarbeite die Zutaten in 30 Sekunden/ Stufe 5 zu einem homogenen Mürbteig. Wickle den Teig in Frischhaltefolie und stelle ihn für 30 Minuten in den Kühlschrank. Reinige den Mixtopf. Heize den Backofen auf 160°C Umluft (180°C Ober-/Unterhitze) vor und kleide die Tarteform mit Backpapier aus.

2. Setze für den Belag den Schmetterling ein. Koche pflanzliche Milch, Salz und Ahornsirup oder Honig 5 Minuten/ 100°C/ Stufe 1 auf.

3. Stelle das Gerät auf 10 Minuten/ 80°C/ Stufe 1, gib den Grieß durch die Deckelöffnung und lass den Pudding quellen.

4. Rühre nun Eier, Sahne sowie den Vanilleextrakt 15 Sekunden/ Stufe 3 unter. Nimm den Teig aus dem Kühlschrank und verteile ihn in der vorbereiteten Tarteform. Gib den Pudding auf den Mürbteig.

5. Verteile die Rhabarberstücke gleichmäßig auf dem Grießpudding und backe die Tarte im vorgeheizten Backofen 45 Minuten/ 160°C Umluft (180°C Ober-/Unterhitze) , bis der Rhabarber weich und der Grießpudding gestockt ist.

6. Bestreue die abgekühlte Tarte nach Belieben mit den gehackten Pistazien.

Sommer

Corinnas Tipp
Den Grieß kannst du auch durch Polenta ersetzen und anstelle der Beeren passen auch in Spalten geschnittene Pfirsiche oder Aprikosen wunderbar.

Der Grieß macht den Kuchen knusprig. Die Bananen und der Joghurt sorgen für einen saftigen Teig. Belegt mit den Lieblingsbeeren ist der Kuchen einfach lecker und außerdem blitzschnell gemacht.

Hafer-Dinkelgrieß-Beerentarte

Zutaten

Utensilien:
Tarteform, Ø 28–30 cm
Backpapier

Für den Rührteig:
200 g Haferflocken, zart
100 g Dinkelgrieß
½ Pck. Backpulver
100 g Butter, weich
1 Prise Salz
1 TL Zimt
3 Eier, Größe M
3 reife Bananen, in Stücken
200 g Sahnejoghurt, 10 % Fett oder Saure Sahne

Für den Belag:
250 g Beeren (z.B. Heidelbeeren, Himbeeren oder Johannisbeeren), frisch oder TK, dann unaufgetaut
4 EL Fruchtaufstrich, glattgerührt, passend zu den Beeren

1. Heize den Backofen auf 160°C Umluft (180°C Ober-/Unterhitze) vor und lege die Tarteform mit Backpapier aus.

2. Mahle die Haferflocken im Mixtopf 10 Sekunden/ Stufe 10 fein. Schiebe die Reste mit dem Spatel nach unten. Gib den Grieß sowie das Backpulver hinzu und verrühre alles 10 Sekunden/ Stufe 3. Fülle die Hafer-Grieß-Mischung um. Reinige den Mixtopf.

3. Gib nun die Butter, das Salz und den Zimt in den Mixtopf und schlage die Butter 40 Sekunden/ Stufe 4 cremig. Rühre jetzt auf Stufe 4,5 die Eier nach und nach unter die Buttermischung – jedes Ei ca. eine halbe Minute.

4. Füge zu dieser Crememasse die Bananenstücke hinzu und püriere diese 10 Sekunden/ Stufe 5. Gib nun die Hafer-Grieß-Mischung sowie den Joghurt oder die Saure Sahne hinzu und verrühre alles 20 Sekunden/ Stufe 4,5 zu einem homogenen Rührteig.

5. Gib den Teig in die vorbereitete Tarteform und streiche ihn glatt. Vermische die Beeren vorsichtig mit dem glattgerührten Fruchtaufstrich und verteile die Beeren gleichmäßig auf dem Teig.

6. Backe den Kuchen im vorgeheizten Ofen 40 Minuten/ 160°C Umluft (180°C Ober-/Unterhitze). Mache am Ende der Backzeit eine Stäbchenprobe. Bleibt kein Teig mehr am Holzstäbchen hängen, ist der Kuchen fertig, ansonsten verlängere die Backzeit um ein paar Minuten.

PRODUITS

HimBa-Mandelkuchen

Säuerliche Himbeeren und süße Bananen passen prima zusammen. Dieser Kuchen ist glutenfrei und durch den hohen Mandelanteil richtig saftig und hält sich gut einige Tage, wenn er nicht vorher aufgegessen wird … Was bei uns immer der Fall ist!

Zutaten

Utensilien:
Brownie-Form, 20 x 20 cm
Backpapier

Für den Rührteig:
200 g Mandeln, ungeschält
100 g Buchweizenmehl
½ Pck. Backpulver
1 Prise Salz
1 TL Zimt
1 EL Vanilleextrakt oder Mark von ½ Vanilleschote
3 Eier, Größe M
3–4 reife Bananen, in Stücken
200 g Kokosmilch, Sahnejoghurt, 10 % Fett oder Saure Sahne

Für den Belag:
150 g Himbeeren, frisch oder TK, dann unaufgetaut

1. Heize den Backofen auf 160°C Umluft (180°C Ober-/Unterhitze) vor. Lege die Brownie-Form mit Backpapier aus.

2. Mahle die Mandeln im Mixtopf 10 Sekunden/ Stufe 10 fein. Schiebe die Reste mit dem Spatel nach unten. Gib das Mehl und das Backpulver hinzu und verrühre alles 10 Sekunden/ Stufe 3.

3. Gib nun Salz, Zimt, Vanille, Eier, Bananenstücke und Kokosmilch oder Sahne in den Mixtopf dazu und verrühre alles 2 Minuten/ Stufe 4,5 zu einem homogenen Rührteig.

4. Gib den Teig in die vorbereitete Brownie-Form und streiche ihn glatt. Verteile die Beeren gleichmäßig auf dem Teig.

5. Backe den Kuchen im vorgeheizten Ofen 35 Minuten/ 160°C Umluft (180°C Ober-/Unterhitze). Mache am Ende der Backzeit eine Stäbchenprobe. Bleibt kein Teig mehr am Stäbchen hängen, ist der Kuchen fertig, ansonsten verlängere die Backzeit um ein paar Minuten.

Corinnas Tipp
Der Kuchen schmeckt ausgekühlt am nächsten Tag am besten. Natürlich kannst du anstelle der Johannisbeeren auch Heidelbeeren, Himbeeren, Kirschen oder jedes andere Obst der Saison verwenden.

Johannisbeerkuchen
mit Vanillepudding und Streuseln

Dieser Kuchen ist unser Lieblings-Johannisbeerkuchen. Cremiger Pudding, säuerliche Beeren und knusprige Mandelstreusel – zum Reinlegen!

Zutaten

Utensilien:
Frischhaltefolie
Springform, Ø 24–26 cm
Backpapier

Für den Mürbteig:
200 g Weizen- oder Dinkelmehl, Type 1050 oder Vollkornmehl
1 TL Backpulver
60 g Butter, kalt, in Stücken
30 g Kokosblütenzucker oder Vollrohrzucker
½ TL Salz
1 Ei, Größe M

Für die Streusel:
45 g getrocknete Datteln oder Rosinen oder 65 g getrocknete Aprikosen, alternativ: 30 g Kokosblüten- oder Vollrohrzucker
50 g Mandeln, ungeschält
100 g Weizen- oder Dinkelmehl, Type 1050 oder Vollkornmehl
40 g Butter, weich
1 EL Vanilleextrakt

Für den Pudding:
500 g pflanzliche Milch, z.B. Hafer
1 Pck. Vanillepuddingpulver
1 Prise Salz
40 g Ahornsirup

Für den Belag:
500 g Johannisbeeren, frisch oder TK, dann unaufgetaut

1. Gib Mehl, Backpulver, Butter, Zucker, Salz und Ei in den Mixtopf und verarbeite die Zutaten 30 Sekunden/ Stufe 5 zu einem homogenen Mürbteig. Nimm den Teig aus dem Mixtopf und wickle ihn in Frischhaltefolie. Stelle ihn für 30 Minuten im Kühlschrank kalt. Heize währenddessen den Backofen auf 160°C Umluft (180°C Ober-/Unterhitze) vor und lege die Springform mit Backpapier aus.

2. Für die Streusel zerkleinerst du die Trockenfrüchte und Mandeln im sauberen Mixtopf 7 Sekunden/ Stufe 10. Schiebe die Reste mit dem Spatel nach unten. Dann gibst du Mehl, Butter und Vanilleextrakt in den Mixtopf dazu und verarbeitest die Zutaten 15 Sekunden/ Stufe 5 zu Streuseln und füllst sie in eine separate Schüssel um.

3. Bereite nun den Pudding zu. Reinige den Mixtopf und gib pflanzliche Milch, Puddingpulver, Salz und Ahornsirup in den Mixtopf und verrühre die Zutaten 5 Sekunden/ Stufe 5. Stelle dann 7 Minuten/ 100°C/ Stufe 2 ein. Der Pudding sollte nach dieser Zeit fertig sein. Verlängere gegebenenfalls die Zeit.

4. Verteile den Mürbteig in der Springform.

5. Verstreiche den Pudding auf dem Mürbteig, gib die Johannisbeeren auf den Pudding und verteile die Streusel gleichmäßig auf dem Kuchen.

6. Backe den Kuchen im vorgeheizten Ofen 60 Minuten/ 160°C Umluft (180°C Ober-/Unterhitze), bis die Streusel schön goldbraun sind.

Corinnas Tipp

Als Variante zu den Heidelbeeren schmecken auch Birnen super. Halbiere und schäle dazu einfach 3 mittelgroße reife Birnen. Schneide die Hälften in dünne Scheiben, aber so, dass sie oben noch zusammenhalten. Lege die Birnenhälften nun wie einen Fächer auf den Belag.

Heidelbeertarte
mit Mandelcreme

Heidelbeeren esse ich für mein Leben gern. Sie sind für mich der Inbegriff von Sommer. Gebettet auf eine leckere Mandelcreme schmecken sie nochmal so gut. Diese Tarte ist zudem ratzfatz gemacht, wenn sich spontan Besuch ankündigt.

Zutaten

Utensilien:
Frischhaltefolie
Tarteform, Ø 28–30 cm
Backpapier

Für den Mürbteig:
100 g Mandeln, ungeschält
150 g Weizen- oder Dinkelmehl, Type 1050 oder Vollkornmehl
80 g Butter, kalt, in Stücken
30 g Kokosblüten- oder Vollrohrzucker
½ TL Salz
1 Ei, Größe M

Für den Belag:
100 g Mandeln, ungeschält
2 Eier, Größe M
50 g Ahornsirup oder Honig
1 EL Vanilleextrakt
150 g Heidelbeeren, frisch oder TK, dann unaufgetaut

1. Mahle für den Teig die Mandeln im Mixtopf 10 Sekunden/ Stufe 10 fein. Schiebe die Reste mit dem Spatel nach unten.

2. Gib Mehl, Butter, Zucker, Salz und Ei in den Mixtopf dazu und verarbeite die Zutaten unter Beobachtung in 20 Sekunden/ Stufe 5 zu einem homogenen Mürbteig. Nimm den Teig aus dem Mixtopf und wickle ihn in Frischhaltefolie ein. Lass den Teig 30 Minuten im Kühlschrank ruhen.

3. Heize den Backofen auf 160 °C Umluft (180 °C Ober-/Unterhitze) vor. Lege die Tarteform mit Backpapier aus.

4. Bereite nun den Belag zu. Mahle dafür die Mandeln 10 Sekunden/ Stufe 10 fein. Schiebe die Reste mit dem Spatel nach unten. Gib Eier, Ahornsirup oder Honig und Vanille in den Mixtopf dazu und verrühre alles 20 Sekunden/ Stufe 4,5 zu einer cremigen Masse.

5. Drücke den Teig nach der Ruhezeit gleichmäßig in die vorbereitete Tarteform.

6. Verstreiche den Belag auf dem Tarteboden und verteile die Heidelbeeren gleichmäßig darauf.

7. Backe die Tarte 30 Minuten im heißen Backofen, bis bei der Stäbchenprobe kein flüssiger Belag mehr festzustellen ist.

Erdbeerkuchen

Was wäre ein Sommer ohne Erdbeerkuchen? Mit doppeltem Boden aus Mürb- und Biskuitteig und einer cremigen Puddingschicht ist dieses Rezept unser Favorit!

60 Min. + 30 Minuten Kühlzeit + 27 Min. Backzeit

Zutaten

Utensilien:
Springform, Ø 24–26 cm
Frischhaltefolie
Backpapier
Tortenplatte

Für den Mürbteig:
75 g Mandeln, ungeschält
75 g Weizen- oder Dinkelmehl, Type 1050
60 g Butter, kalt, in Stücken
1 Prise Salz
25 g Kokosblütenzucker oder Vollrohrzucker

Für den Biskuitteig:
100 g Dinkelmehl, Type 630
2 Eier, Größe M
50 g Ahornsirup oder Honig
½ Pck. Backpulver

Für das Bestreichen:
3 EL Fruchtaufstrich, glattgerührt

Für den Pudding:
250 g pflanzliche Milch, z.B. Hafer
1 Pck. Vanillepuddingpulver
1 Prise Salz
25 g Ahornsirup

Für den Belag:
3 EL Fruchtaufstrich, z.B. Erdbeere oder Aprikose
500 g frische Erdbeeren

1. Mahle die Mandeln im Mixtopf 8 Sekunden/ Stufe 10 fein. Schiebe die Reste mit dem Spatel nach unten. Gib Mehl, Butter, Salz und Zucker in den Mixtopf dazu und verarbeite die Zutaten unter Beobachtung in 15 Sekunden/ Stufe 5 zu einem homogenen Mürbteig. Nimm den Teig aus dem Mixtopf, wickle ihn in Frischhaltefolie und stelle ihn für 30 Minuten im Kühlschrank kalt. Heize den Backofen auf 180°C Umluft (200°C Ober-/Unterhitze) vor und lege die Springform mit Backpapier aus.

2. Drücke den Teig nach der Ruhezeit gleichmäßig auf den Boden der vorbereiteten Springform.

3. Backe den Boden im vorgeheizten Backofen 12 Minuten/ 180°C Umluft (200°C Ober-/Unterhitze) vor.

4. Bereite in der Zwischenzeit den Biskuitteig vor. Gib dafür Mehl, Eier, Ahornsirup oder Honig und Backpulver in den sauberen Mixtopf und vermische die Zutaten 1 Minute/ Stufe 4,5.

5. Nimm den Mürbteigboden aus dem Backofen, bestreiche ihn noch heiß mit dem glattgerührten Fruchtaufstrich und mit dem Biskuitteig und backe den Boden weitere 15 Minuten/ 180°C Umluft (200°C Ober-/Unterhitze).

6. Bereite nun den Pudding zu. Reinige dafür den Mixtopf. Gib pflanzliche Milch, Puddingpulver, Salz und Ahornsirup in den Mixtopf und verrühre die Zutaten 5 Sekunden/ Stufe 4. Stelle dann 5 Minuten/ 100°C/ Stufe 2 ein. Der Pudding sollte nach dieser Zeit fertig sein. Verlängere gegebenenfalls die Zeit. Lass den gebackenen Boden auf einer Tortenplatte auskühlen und gib den Pudding darauf.

7. Sobald der Pudding fest ist, kochst du den Fruchtaufstrich kurz in einem kleinen Topf auf. Belege den Pudding mit den Erdbeeren und gib den aufgekochten Fruchtaufstrich über die Beeren.

Corinnas Tipp
Für eine KiBa-Variante kannst du die Beeren einfach durch entsteinte Kirschen ersetzen.

Beeren-Bananen-Streuselkuchen

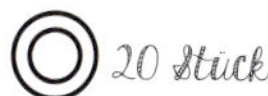 20 Stück  leicht 20 Min. + ca. 30 Min. Backzeit

Zutaten

Utensilien:
Backrahmen, ca. 25 x 35
Backpapier

Für den Rührteig:
150 g Haferflocken, zart
150 g Weizen- oder Dinkelmehl, Type 1050
½ Pck. Backpulver
100 g Butter, weich
50 g Honig oder Ahornsirup
1 Prise Salz
3 Eier, Größe M
3 reife Bananen, in Stücken
150 g pflanzliche Milch, z.B. Hafer oder Mineralwasser
200 g Sahnejoghurt, 10 % Fett oder Saure Sahne

Für den Belag:
300 g Heidelbeeren, Himbeeren oder Johannisbeeren, frisch oder TK, dann unaufgetaut

Für die Streusel:
100 g Mandeln, ungeschält oder Walnüsse
40 g getrocknete Datteln oder Rosinen oder 60 g getrocknete Aprikosen, alternativ: 25 g Kokosblüten- oder Vollrohrzucker
100 g Weizen- oder Dinkelmehl, Type 1050 oder Vollkornmehl
50 g Butter, weich
1 Prise Salz
½ TL Zimt

1. Heize zunächst den Backofen auf 160°C Umluft (180°C Ober-/Unterhitze) vor. Lege den Backrahmen mit Backpapier aus.

2. Mahle die Haferflocken im Mixtopf 10 Sekunden/ Stufe 10 fein. Schiebe die Reste mit dem Spatel nach unten. Gib das Mehl sowie das Backpulver hinzu und verrühre alles 10 Sekunden/ Stufe 3. Fülle die Mehlmischung in eine separate Schüssel um.

3. Gib nun die Butter und den Ahornsirup oder Honig und das Salz in den Mixtopf und erwärme die Zutaten 2 Minuten/ 37°C/ Stufe 2. Rühre jetzt auf Stufe 4,5 die Eier nach und nach unter die Buttermischung - jedes Ei ca. eine halbe Minute.

4. Füge zu dieser Crememasse die Bananenstücke und die pflanzliche Milch hinzu und püriere alles 10 Sekunden/ Stufe 5. Gib nun die Mehlmischung sowie den Joghurt oder die Saure Sahne hinzu und verrühre alles ca. 20 Sekunden/ Stufe 4,5 zu einem homogenen Rührteig.

5. Streiche den Teig in den vorbereiteten Backrahmen. Verteile die Beeren gleichmäßig auf dem Teig.

6. Zerkleinere für die Streusel die Mandeln oder die Walnüsse und die Trockenfrüchte im gereinigten Mixtopf 10 Sekunden/ Stufe 10. Schiebe die Reste mit dem Spatel nach unten. Gib Mehl, Butter, Salz und Zimt hinzu und verarbeite alles in 8 Sekunden/ Stufe 5 zu Streuseln. Verteile diese über den Beeren.

7. Backe den Kuchen im vorgeheizten Backofen 35 Minuten/ 160°C Umluft (180°C Ober-/Unterhitze). Mache am Ende der Backzeit eine Stäbchenprobe. Bleibt kein Teig mehr am Holzstäbchen hängen, ist der Kuchen fertig, ansonsten verlängere die Backzeit um ein paar Minuten.

Säuerliche Beeren und süße Bananen ergänzen sich wunderbar. Dazu Mandelstreusel und fertig ist ein wahrer Sommertraum. Wenn du den Kuchen lieber mit etwas süßerem Belag willst, probiere die KiBa-Variante (s. Tipp) aus.

Himbeer-Marmorwürfel

Marmorteig-Boden mit fruchtigen Himbeeren und einer frischen Quark-Creme, hier kommt eindeutig Sommer-Feeling auf!

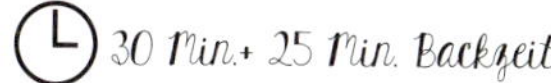

Zutaten

Utensilien:
Backrahmen, 25 x 35 cm
Backpapier

Für den Rührteig:
100 g Butter, weich
150 g Ahornsirup oder Honig
1 Prise Salz
1 EL Vanilleextrakt
3 Eier, Größe M
300 g Dinkelmehl, Type 630
1 Pck. Backpulver
100 g pflanzliche Milch, z.B. Hafer oder Mineralwasser
200 g Crème fraîche
30 g Kakao, schwach entölt
50 g Zartbitter-Schokotröpfchen

Für die Creme:
200 g kalte Schlagsahne, mind. 30 % Fett
500 g Speisequark, 20 % Fett
250 g Sahnejoghurt, 10 % Fett
bis zu 50 g Ahornsirup oder Honig zum Süßen oder nach Belieben weglassen
2 EL Vanilleextrakt oder Mark von 1 Vanilleschote
500 g Himbeeren, frisch oder TK, aufgetaut

Zum Verzieren:
Kakaopulver, schwach entölt

1. Heize den Backofen auf 160°C Umluft (180°C Ober-/Unterhitze) vor. Lege den Backrahmen mit Backpapier aus.

2. Schlage für den Boden die Butter im Mixtopf 30 Sekunden/ Stufe 4 schaumig und füge Sirup oder Honig, Salz sowie den Vanilleextrakt hinzu. Verrühre alles 40 Sekunden/ Stufe 4.

3. Rühre die Masse nun ohne Zeiteinstellung auf Stufe 4 weiter und füge die Eier einzeln durch die Deckelöffnung hinzu. Rühre jedes Ei ca. 30 Sekunden unter die Masse.

4. Gib dann das Mehl mit dem Backpulver, der pflanzlichen Milch oder dem Wasser und der Crème fraîche zur Schaummasse und verrühre alle Zutaten 20 Sekunden/ Stufe 5. Fülle die Hälfte des Teigs in den vorbereiteten Backrahmen.

5. Gib den Kakao und die Schokotröpfchen zum restlichen Teig in den Mixtopf und mische beides 20 Sekunden/ Stufe 4 unter. Verteile nun den dunklen Teig auf dem hellen und vermische beide Teige mit einem Löffel spiralförmig, so dass eine Marmorierung entsteht.

6. Backe den Boden im vorgeheizten Ofen 25 Minuten/ 160°C Umluft (180°C Ober-/Unterhitze).

7. Reinige den Mixtopf gründlich und setze den Schmetterling ein. Gib die Sahne in den Mixtopf und schlage sie unter Beobachtung auf Stufe 3 steif. Fülle die Sahne in eine separate Schüssel um und entferne den Schmetterling.

8. Für die Creme gibst du Quark, Sahnejoghurt, ggf. Sirup oder Honig und Vanille in den Mixtopf und verrührst alles 20 Sekunden/ Stufe 5. Fülle diese Masse um und hebe die steifgeschlagene Sahne und die Beeren vorsichtig unter.

9. Verteile die Quarkmasse auf dem ausgekühlten Marmorboden und verziere den Kuchen mit dem Kakaopulver.

Obst-Käsekuchen

Dieser Käsekuchen hat genau die richtige Süße und cremige Konsistenz der Quarkfüllung. Außerdem könnt ihr ihn einfach mit dem Obst, das euch gerade anlacht oder Saison hat, backen und er kommt auf jeder Kuchentafel super an.

Zutaten

Utensilien:
Springform, Ø 24–26 cm
Backpapier

Für den Streuselteig:
100 g Butter, weich
30 g Kokosblüten- oder Vollrohrzucker
1 EL Vanilleextrakt
1 Prise Salz
1 Ei, Größe M
200 g Weizen- oder Dinkelmehl, Type 1050
½ Pck. Backpulver

Für die Füllung:
200 g Schlagsahne, mind. 30 % Fett
100 g Ahornsirup
1 EL Vanilleextrakt
2 Eier, Größe M
500 g Magerquark
1 Pck. Vanillepuddingpulver
1 Glas Sauerkirschen, Abtropfgewicht 350 g, alternativ 1 Dose Pfirsiche/ Aprikosen/ Mandarinen oder Beeren (frisch oder TK)

1. Heize den Backofen auf 160 °C Umluft (180 °C Ober-/Unterhitze) vor. Lege die Springform mit Backpapier aus.

2. Gib die Butter, den Zucker, den Vanilleextrakt, das Salz und das Ei in den Mixtopf und verrühre die Zutaten 20 Sekunden/ Stufe 4,5. Füge nun das Mehl und das Backpulver hinzu und verarbeite alles bei Stufe 4,5 mit Sichtkontakt zu einem Streuselteig.

3. Drücke ⅔ der Streusel auf den Boden der vorbereiteten Springform und fülle das übrige Drittel des Teigs in eine separate Schüssel um.

4. Gib für die Füllung Sahne, Ahornsirup, Vanille, Eier, Quark und Vanillepuddingpulver in den sauberen Mixtopf und verrühre alles 20 Sekunden/ Stufe 5.

5. Verteile die Füllung auf dem Boden und verteile das gut abgetropfte und bei Bedarf kleingeschnittene Obst auf der Füllung.

6. Backe den Kuchen im vorgeheizten Ofen 60 Minuten/ 160 °C Umluft (180 °C Ober-/Unterhitze), bis er eine goldgelbe Farbe angenommen hat. Mache am Ende der Backzeit eine Stäbchenprobe in der Mitte des Kuchens. Wenn die Masse nicht mehr weich oder flüssig ist, ist der Kuchen fertig. Ansonsten verlängere die Backzeit um ein paar Minuten.

Corinnas Tipp
Eine wunderbar fruchtige Note bekommt der Kuchen, wenn du auf dem Fruchtaufstrich zusätzlich ein paar frische Beeren verteilst, also z.B. Heidel- oder Himbeeren, die zum Fruchtaufstrich passen.

Maulwurfkuchen
mit Bananen

Ein gesunder Maulwurfkuchen ist ein Hit auf jedem Geburtstagstisch! Nicht nur für Kinder!

Zutaten

Utensilien:
Springform, Ø 24–26 cm
Backpapier
Tortenplatte

Für den Rührteig:
150 g Butter, weich
100 g Ahornsirup oder Honig
1 Prise Salz
1 EL Vanilleextrakt
3 Eier, Größe M
300 g Dinkelmehl, Type 630
1 Pck. Backpulver
150 g pflanzliche Milch, z.B. Hafermilch oder Mineralwasser
4 EL Kakaopulver, schwach entölt

Für die Füllung:
4 EL Fruchtaufstrich, glattgerührt, z.B. Heidelbeere oder Himbeere
3 Bananen, längs halbiert
Saft von ½ Zitrone
400 g kalte Schlagsahne, mind. 30 % Fett
2 EL Kokosblüten- oder Vollrohrzucker + Mark von ½ Vanilleschote, alternativ: 1 Pck. Vanillezucker

Zum Verzieren:
50 g Zartbitter-Schokotröpfchen

1. Heize den Backofen auf 160°C Umluft (180°C Ober-/Unterhitze) vor. Lege die Springform mit Backpapier aus.

2. Schlage für den Boden die Butter im Mixtopf 25 Sekunden/ Stufe 4 schaumig und füge Sirup oder Honig, Salz sowie den Vanilleextrakt hinzu. Verrühre alles 40 Sekunden/ Stufe 4.

3. Rühre die Masse nun ohne Zeiteinstellung weiter und füge die Eier einzeln durch die Deckelöffnung hinzu. Rühre jedes Ei ca. 30 Sekunden unter die Masse.

4. Gib dann das Mehl mit dem Backpulver, der Hafermilch und dem Kakaopulver dazu und verrühre diese Zutaten 20 Sekunden/ Stufe 5. Fülle den Teig in die vorbereitete Springform und backe den Boden im vorgeheizten Ofen 20 Minuten/ 160°C Umluft (180°C Ober-/Unterhitze).

5. Lass den Boden nach dem Backen erkalten. Lege den abgekühlten Boden auf eine Tortenplatte und höhle ihn aus, so dass ein Rand (ca. 2 cm) ringsherum stehen bleibt. Fülle das Innere um und zerbrösele es.

6. Bestreiche den Boden mit dem glattgerührten Fruchtaufstrich. Halbiere die geschälten Bananen längs, verteile sie auf dem Fruchtaufstrich und träufele den Zitronensaft darüber.

7. Reinige den Mixtopf und setze den Schmetterling ein. Gib die Sahne in den Mixtopf und schlage sie mit Zucker und Vanillemark unter Beobachtung auf Stufe 3 steif. Hebe knapp ⅓ der Bodenbrösel mithilfe des Spatels unter die Sahne und verteile die Masse kuppelförmig auf den Bananen.

8. Verteile die übrigen Kuchenbrösel, vermischt mit den Schokotröpfchen, auf der Kuppel.

Pfirsich-Schnitten

Gesunde Fantaschnitten: schön fruchtig und cremig, aber nicht zu süß! Ein Muss auf jeder Kaffeetafel im Sommer!

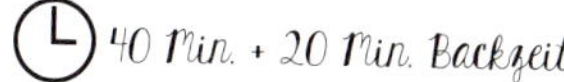

Zutaten

Utensilien:
Backrahmen, 25 x 35 cm
Backpapier

Für den Rührteig:
100 g Butter, weich
100 g Ahornsirup oder Honig
1 Prise Salz
1 EL Vanilleextrakt
3 Eier, Größe M
250 g Weizen- oder Dinkelmehl, Type 1050
½ Pck. Backpulver
200 g Sahnejoghurt, 10 % Fett oder Saure Sahne
Saft + Schale von 2 Bio-Zitronen oder Bio-Orangen

Für den Belag:
Pfirsiche, 2 Dosen à 480 g Abtropfgewicht oder 8 mittelgroße frische, reife Früchte

Für die Creme:
200 g kalte Schlagsahne, mind. 30 % Fett
250 g Quark, 20 % Fett
250 g Crème fraîche
2 EL Vanilleextrakt oder Mark von 1 Vanilleschote

Zum Verzieren:
Zimt

1. Heize den Backofen auf 160 °C Umluft (180 °C Ober-/Unterhitze) vor. Lege den Backrahmen mit Backpapier aus.

2. Schlage für den Boden die Butter im Mixtopf 25 Sekunden/ Stufe 4 schaumig und füge Sirup oder Honig, Salz sowie den Vanilleextrakt hinzu. Verrühre alles 40 Sekunden/ Stufe 4.

3. Rühre die Masse nun ohne Zeiteinstellung weiter und füge die Eier einzeln durch die Deckelöffnung hinzu. Rühre jedes Ei ca. 30 Sekunden unter die Masse.

4. Gib dann das Mehl mit dem Backpulver und dem Saft sowie der Schale der Zitronen oder Orangen dazu und verrühre diese Zutaten 20 Sekunden/ Stufe 5. Fülle den Teig in den vorbereiteten Backrahmen und backe den Boden im vorgeheizten Ofen 20 Minuten/ 160 °C Umluft (180 °C Ober-/Unterhitze). Nimm den fertigen Boden aus dem Ofen und lass ihn vollständig auskühlen.

5. Lass die Pfirsiche in einem Sieb gut abtropfen und schneide sie dann in Stückchen.

6. Reinige den Mixtopf. Setze den Schmetterling in den Mixtopf ein und gib die Sahne dazu. Schlage die Sahne unter Beobachtung auf Stufe 3 steif. Fülle die Sahne in eine separate Schüssel um und entferne den Schmetterling.

7. Gib den Quark sowie die Crème fraîche und den Vanilleextrakt oder das Mark der Vanilleschote in den sauberen Mixtopf und verrühre alles 20 Sekunden/ Stufe 5. Hebe mithilfe des Spatels die steifgeschlagene Sahne und die Pfirsichstückchen unter die Crememasse.

8. Verteile die Quarkmasse auf dem ausgekühlten Boden und verziere den Kuchen mit dem Zimt.

Die Kombination aus Zitronen und Joghurt schmeckt super erfrischend und saftig. Der Mohn und die Haferflocken geben dem Teig seine Dichte und das gewisse geschmackliche und optische Etwas.

Zitronen-Joghurtkuchen mit Mohn

16 Stück

leicht

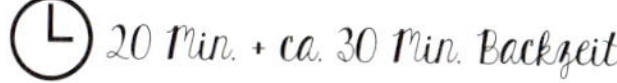
20 Min. + ca. 30 Min. Backzeit

Zutaten

Utensilien:
Brownie-Form, 20 x 20 cm
Backpapier

Für den Rührteig:
100 g Haferflocken, zart
100 g Mandeln, ungeschält
200 g Weizen- oder Dinkelmehl, Type 1050
1 Pck. Backpulver
100 g Butter, weich
130 g Honig oder Ahornsirup
1 Prise Salz
3 Eier, Größe M
50 g Mohnsamen
Schale + Saft von 2 Bio-Zitronen
200 g Sahnejoghurt, 10 % Fett oder Saure Sahne

1. Heize den Backofen auf 160°C Umluft (180°C Ober-/Unterhitze) vor. Lege die Brownie-Backform mit Backpapier aus.

2. Mahle die Haferflocken zusammen mit den Mandeln 10 Sekunden/ Stufe 10 im Mixtopf fein. Schiebe die Reste mit dem Spatel nach unten. Gib das Mehl sowie das Backpulver hinzu und verrühre alles 10 Sekunden/ Stufe 3. Fülle die Mehlmischung um. Reinige den Mixtopf.

3. Gib nun die Butter und den Honig oder Ahornsirup und das Salz in den Mixtopf und erwärme die Zutaten 2 Minuten/ 37°C/ Stufe 2. Rühre jetzt auf Stufe 4 die Eier nach und nach unter die Buttermischung - jedes Ei ca. eine halbe Minute.

4. Füge zu dieser Crememasse die Mehlmischung, die Mohnsamen, die Schale und den Saft der Zitronen sowie den Joghurt oder die Saure Sahne hinzu. Verrühre alles ca. 30 Sekunden/ Stufe 5 mithilfe des Spatels zu einem homogenen Rührteig.

5. Verteile den Teig in der vorbereiteten Brownie-Form und streiche ihn glatt. Backe den Kuchen im vorgeheizten Ofen 30 Minuten/ 160°C Umluft (180°C Ober-/Unterhitze). Mache am Ende der Backzeit eine Stäbchenprobe. Bleibt kein Teig mehr am Holzstäbchen hängen, ist der Kuchen fertig. Ansonsten verlängere die Backzeit um einige Minuten.

Herbst

Corinnas Tipp

Bereite den Hefeteig, die Füllung und die Streusel schon am Vorabend vor und lass den Hefeteig im Kühlschrank gehen und die Füllung im Kühlschrank durchziehen. Der Vorteil ist, dass sich der Teig besser verarbeiten lässt und die Füllung dem Teig keine Flüssigkeit entzieht, da sie bereits gut durchgezogen ist.

Apfel-Streuselkuchen
mit Mandelfüllung

Der weiche Hefeteig mit der saftigen Mandelfüllung und dem fruchtigen Apfel-Streusel-Belag passt wunderbar zum Herbst.

Zutaten

Utensilien:
Tarteform, Ø 28–30 cm, Backpapier

Für den Hefeteig:
100 g pflanzliche Milch, z.B. Hafermilch
10 g Frischhefe
10 g Kokosblüten- oder Vollrohrzucker
200 g Dinkelmehl, Type 630
½ TL Salz
10 g Butter, kalt

Für die Füllung:
125 g Mandeln, ungeschält
50 g Honig oder Ahornsirup
15 g Kokosblüten- oder Vollrohrzucker
75 g pflanzliche Milch, z.B. Hafermilch
½ Fl. Bittermandelaroma oder 1 EL Vanilleextrakt
40 g Walnusskerne

Für den Belag:
4 mittelgroße Äpfel, geschält, entkernt, geviertelt
Saft von 1 Zitrone

Für die Streusel:
100 g Mandeln, ungeschält
40 g getrocknete Datteln oder Rosinen oder 60 g getrocknete Aprikosen, alternativ: 25 g Kokosblüten- oder Vollrohrzucker
100 g Weizen- oder Dinkelmehl, Type 1050 oder Vollkornmehl
50 g Butter, weich
1 Prise Salz

1. Erwärme die pflanzliche Milch mit der Hefe und dem Zucker im Mixtopf 3 Minuten/ 37°C/ Stufe 1. Gib Mehl und Salz in den Mixtopf dazu und knete alles 2 Minuten/ Teigknetstufe. Füge dann die Butter hinzu und knete alles nochmals 1 Minute/ Teigknetstufe zu einem geschmeidigen Teig. Fülle den Teig in eine eingeölte Schüssel um und lass ihn in 1 Stunde mit Frischhaltefolie und einem Geschirrtuch abgedeckt an einem warmen Ort gehen, bis er sein Volumen verdoppelt hat. Heize den Backofen auf 180°C Umluft (200°C Ober-/Unterhitze) vor und lege die Tarteform mit Backpapier aus.

2. Mahle in der Zwischenzeit die Mandeln im gereinigten Mixtopf 10 Sekunden/ Stufe 10 fein. Schiebe die Stücke mit dem Spatel nach unten. Gib Honig oder Ahornsirup, Zucker, pflanzliche Milch, Bittermandelaroma und Walnüsse hinzu und verarbeite alles 10 Sekunden/ Stufe 5 zu einer geschmeidigen Masse. Fülle die Masse in eine separate Schüssel um und reinige den Mixtopf.

3. Gib die Apfelviertel zusammen mit dem Zitronensaft in den Mixtopf. Zerkleinere die Äpfel grob für 3 Sekunden/ Stufe 5.

4. Halbiere den gegangenen Teig und rolle beide Teile auf einer bemehlten Arbeitsfläche auf Größe der Tarteform aus. Lege einen Teig in die vorbereitete Springform, verteile die Füllung darauf, bedecke diese mit dem zweiten Teig und schichte die zerkleinerten Äpfel darauf.

5. Zerkleinere für die Streusel die Mandeln sowie die Trockenfrüchte 10 Sekunden/ Stufe 10 im sauberen Mixtopf. Schiebe die Reste mit dem Spatel nach unten. Gib Mehl, Butter und Salz hinzu und verarbeite alles in 20 Sekunden/ Stufe 5 zu Streuseln. Verteile die Streusel über den Äpfeln.

6. Backe den Apfelkuchen im vorgeheizten Backofen 35 Minuten/ 180°C Umluft (200°C Ober-/Unterhitze). Mache am Ende der Backzeit eine Stäbchenprobe. Bleibt kein Teig am Stäbchen hängen ist der Kuchen fertig, ansonsten verlängere die Backzeit um ein paar Minuten.

Corinnas Tipp

Anstelle der Äpfel eignen sich im Frühjahr Rhabarber und im Sommer Heidelbeeren.

Apfelkuchen

mit Sahneguss und Mandelstreuseln

Apfelkuchen mit Sahne geht immer! Bei diesem Kuchen kommt die Sahne gleich mit in den Guss und macht den Kuchen wunderbar cremig. Knusprige Mandelstreusel on top und das Kuchenglück ist perfekt!

Zutaten

Utensilien:
Tarteform, Ø 28–30 cm, Frischhaltefolie, Backpapier

Für den Mürbteig:
250 g Weizen- oder Dinkelmehl, Type 1050
1 TL Backpulver
20 g Kokosblütenzucker oder Vollrohrzucker
100 g Butter, kalt, in Stücken
1 Ei, Größe M
½ TL Salz
20–30 g Wasser

Für den Belag:
4 mittelgroße Äpfel, ungeschält, entkernt, geviertelt

Für den Guss:
200 g Schlagsahne, mind. 30 % Fett
½ Pck. Vanillepuddingpulver
50 g Ahornsirup
1 TL Zimt

Für die Streusel:
100 g Mandeln, ungeschält
100 g Weizen- oder Dinkelmehl, Type 1050
50 g Butter, weich
30 g Kokosblütenzucker oder Vollrohrzucker
1 Prise Zimt

1. Gib für den Mürbteig Mehl, Backpulver, Zucker, Butter, Ei, Salz und Wasser in den Mixtopf und verarbeite die Zutaten 10 Sekunden/ Stufe 5 zu einem homogenen Teig. Nimm den Teig aus dem Mixtopf und wickle ihn in Frischhaltefolie. Lass den Teig für 30 Minuten im Kühlschrank ruhen. Heize den Backofen auf 160°C Umluft (180°C Ober-/ Unterhitze) vor und lege die Tarteform mit Backpapier aus.

2. Verteile den Teig nach der Ruhezeit in der vorbereiteten Tarteform und forme einen kleinen Rand (ca. 1 cm).

3. Fülle nun die Apfelstücke in den sauberen Mixtopf und zerkleinere sie grob für 3 Sekunden/ Stufe 5. Bei Bedarf kannst du die Zeit um 2 Sekunden verlängern, allerdings sollte kein Brei entstehen. Verteile die zerkleinerten Äpfel auf dem Mürbteig.

4. Verrühre für den Guss Sahne, Puddingpulver, Ahornsirup und Zimt im Mixtopf 10 Sekunden/ Stufe 6 und gieße den Guss über den Apfelbelag.

5. Zerkleinere für die Streusel die Mandeln im sauberen Mixtopf 3 Sekunden/ Stufe 7 grob. Schiebe die Reste mit dem Spatel nach unten. Gib Mehl, Butter, Zucker und Zimt hinzu und verarbeite alles in 20 Sekunden/ Stufe 5 zu Streuseln. Verteile die Streusel über den Äpfeln.

6. Backe den Apfelkuchen im vorgeheizten Backofen 60 Minuten/ 160°C Umluft (180°C Ober-/Unterhitze). Mache am Ende der Backzeit eine Stäbchenprobe. Bleibt kein Teig mehr am Stäbchen hängen, ist der Kuchen fertig. Ansonsten verlängere die Backzeit um einige Minuten.

Für die Joghurtmasse:
500 g Sahnejoghurt, 10 % Fett
3 Eier, Größe M
30 g Speisestärke
50 g Ahornsirup
Saft von 1 kleinen Bio-Zitrone
1 EL Vanilleextrakt oder Mark von ½ Vanilleschote

Für den Belag:
5 Birnen, weich, mittelgroß, in Spalten oder 1 Dose Birnen, Abtropfgewicht 460 g

Birnen-Mohn-Joghurtkuchen

 12 Stück  mittel 30 Min. + 30 Minuten Ruhezeit + 45 Min. Backzeit

Zutaten

Utensilien:
Springform, Ø 24–26 cm
Frischhaltefolie
Backpapier

Für den Mürbteig:
50 g Mandeln, ungeschält
150 g Weizen- oder Dinkelmehl, Type 1050
60 g Butter, kalt, in Stücken
30 g Kokosblüten- oder Vollrohrzucker
1 Prise Salz
1 Ei, Größe M
3 EL Fruchtaufstrich, glattgerührt, z.B. Aprikose

Für die Streusel:
45 g getrocknete Datteln oder Rosinen oder 65 g getrocknete Aprikosen, alternativ: 30 g Kokosblüten- oder Vollrohrzucker
120 g Weizen- oder Dinkelmehl, Type 1050 oder Vollkornmehl
50 g Butter, weich
1 EL Vanilleextrakt
1 Prise Salz

Für die Mohnmasse:
150 g Mandeln, ungeschält
100 g Mohn
200 g pflanzliche Milch, z.B. Hafermilch
1 Prise Salz
1 TL Zimt
5 Tropfen Bittermandelaroma
Schale von 1 kleinen Bio- Zitrone
20 g Ahornsirup oder Honig

1. Mahle für den Mürbteig die Mandeln im Mixtopf 5 Sekunden/ Stufe 10 fein. Schiebe die Reste mit dem Spatel nach unten. Gib Mehl, Butter, Zucker, Salz und Ei in den Mixtopf dazu und verarbeite alles 10 Sekunden/ Stufe 5 zu einem homogenen Mürbteig. Nimm den Teig aus dem Mixtopf, wickele ihn in Frischhaltefolie und stelle ihn für 30 Minuten im Kühlschrank kalt. Heize den Backofen auf 160°C Umluft (180°C Ober-/Unterhitze) vor und lege die Springform mit Backpapier aus.

2. Zerkleinere währenddessen für die Streusel das Trockenobst 5 Sekunden/ Stufe 10 und schiebe die Reste mit dem Spatel nach unten. Gib Mehl, Butter, Vanilleextrakt und Salz hinzu und vermische alle Zutaten 15 Sekunden/ Stufe 5 zu Streuseln. Fülle die Streusel in eine separate Schüssel um.

3. Bereite nun die Mohnmasse zu. Mahle dafür zunächst die Mandeln im sauberen Mixtopf 10 Sekunden/ Stufe 10 fein und fülle sie um. Mahle nun den Mohn 20 Sekunden/ Stufe 10 fein. Schiebe die Reste mit dem Spatel nach unten. Gib die Mandeln und alle übrigen Zutaten für die Mohnmasse in den Mixtopf und koche die Zutaten 5 Minuten/ 100°C/ Stufe 4 ohne Messbecher auf. Fülle die Masse in eine separate Schüssel um.

4. Reinige den Mixtopf. Verrühre für die Joghurtmasse Joghurt, Eier, Speisestärke, Ahornsirup, Zitronensaft und Vanille im Mixtopf 30 Sekunden/ Stufe 4,5.

5. Kleide die vorbereitete Springform mit dem gekühlten Teig aus. Streiche die Joghurtmasse gleichmäßig auf den Teigboden und setze gleichmäßig Kleckse der Mohnmasse auf die Joghurtmasse.

6. Schneide die Birnen in Spalten und verteile diese kreisförmig auf dem Kuchen. Streue zum Schluss die Streusel gleichmäßig über den Kuchen und backe diesen im vorgeheizten Backofen 45 Minuten/ 160°C Umluft (180°C Ober-/Unterhitze) , bis er eine schön goldbraune Farbe angenommen hat.

Wer Mohnkuchen mag, wird diesen Kuchen lieben. Er schmeckt wunderbar fruchtig und cremig und kann gut vorbereitet werden.

Corinnas Tipp

Super schmeckt uns auch folgende Abwandlung des Feuerwehrkuchens: Nimm dafür einfach anstelle der Sauerkirschen eine Dose Pfirsiche oder Aprikosen und statt des Kirschsafts Multivitamin- oder Maracuja-Saft.

Für die Sahnehaube:
200 g kalte Schlagsahne, mind. 30 % Fett
Mark von ½ Vanilleschote + 2 TL Kokosblüten- oder Vollrohrzucker
etw. Kakaopulver, schwach entölt

Feuerwehrkuchen

Der Feuerwehrkuchen geht schnell, man kann ihn super im Voraus backen und er macht auf einer Kaffeetafel immer eine gute Figur.

Zutaten

Utensilien:
Springform, Ø 30 cm
Frischhaltefolie
Backpapier

Für den Mürbteig:
200 g Weizen- oder Dinkelmehl, Type 1050
1 TL Backpulver
30 g Kokosblüten- oder Vollrohrzucker
30 g Honig oder Ahornsirup
60 g Butter, kalt, in Stücken
1 Prise Salz
1 Ei, Größe M

Für die Streusel:
100 g Weizen- oder Dinkelmehl, Type 1050
30 g Kokosblüten- oder Vollrohrzucker
30 g Honig oder Ahornsirup
60 g Butter, weich
1 TL Zimt
100 g Mandelstifte

Für die Füllung:
250 g Kirschsaft, aufgefangen + evtl. Wasser zum Auffüllen
1 Pck. Vanillepuddingpulver
1 Glas Sauerkirschen, Abtropfgewicht 350 g

1. Gib für den Mürbteig Mehl, Backpulver, Zucker, Honig oder Ahornsirup, Butter, Salz und Ei in den Mixtopf und verarbeite alles in 10 Sekunden/ Stufe 5 zu einem Mürbteig. Drücke diesen auf den Boden einer mit Backpapier ausgelegten Springform und steche den Boden mit einer Gabel ein. Bedecke die Springform mit Frischhaltefolie und stelle die Form für 30 Minuten in den Kühlschrank. Heize den Backofen auf 160 °C Umluft (180 °C Ober-/Unterhitze) vor.

2. Reinige den Mixtopf. Fülle dann für die Streusel Mehl, Zucker, Honig oder Ahornsirup, Butter und Zimt in den Mixtopf und verarbeite die Zutaten 8 Sekunden/ Stufe 5 zu einer krümeligen Masse. Füge nun die Mandelstifte dazu und verarbeite alles 10 Sekunden/ Linkslauf/ Stufe 3,5 zu Streuseln. Fülle die Streusel in eine separate Schüssel um. Reinige den Mixtopf.

3. Gib für die Füllung den Kirschsaft mit dem Puddingpulver in den Mixtopf und koche den Saft 3 Minuten/ 100 °C/ Stufe 2 auf. Rühre dann die abgetropften Kirschen 10 Sekunden/ Linkslauf/ Stufe 1 unter.

4. Hole die Springform aus dem Kühlschrank und entferne die Frischhaltefolie. Verteile die Kirschmasse gleichmäßig auf dem Mürbteigboden und streue die Streusel darüber. Backe den Kuchen im vorgeheizten Ofen 40 Minuten/ 160 °C Umluft (180 °C Ober-/Unterhitze). Lass den Kuchen gut auskühlen.

5. Reinige den Mixtopf und setze den Schmetterling ein. Gib Sahne, Vanillemark und Zucker in den Mixtopf und schlage die Sahne unter Beobachtung auf Stufe 3 steif. Verteile die Sahnehaube auf dem ausgekühlten Kuchen. Bestäube den Kuchen mit Kakaopulver.

Nusskranz

Die Mandel-Walnussfüllung des Nusskranzes schmeckt herrlich cremig und kernig zugleich. Ich liebe diese Kombination zusammen mit einem schön saftigen Hefeteig und optisch bietet die Kranzform eine willkommene Abwechslung zum herkömmlichen Nusszopf.

Zutaten

Utensilien:
Springform, Ø 26 cm, Frischhaltefolie, Backpapier, Backpinsel

Für den Hefeteig:
200 g pflanzliche Milch, z.B. Hafermilch
½ Würfel Frischhefe
20 g Kokosblütenzucker oder Vollrohrzucker
400 g Dinkelmehl, Type 630
1 TL Salz
25 g Butter, kalt, in Stücken

Für die Füllung:
250 g Mandeln, ungeschält
45 g getrocknete Datteln oder Rosinen oder 65 g getrocknete Aprikosen, alternativ: 30 g Kokosblüten- oder Vollrohrzucker
50 g Honig oder Ahornsirup
150 g pflanzliche Milch, z.B. Hafermilch
½ Fl. Bittermandelaroma oder 1 EL Vanilleextrakt
70 g Walnusskerne

Zum Bestreichen und Bestreuen:
3 EL Schlagsahne, mind. 30 % Fett
Mandelstifte

1. Erwärme die pflanzliche Milch mit der Hefe und dem Zucker im Mixtopf 3 Minuten/ 37°C/ Stufe 1. Gib Mehl und Salz in den Mixtopf dazu und knete alles 2 Minuten/ Teigknetstufe. Füge nun die Butter hinzu und knete nochmals alles 1 Minute/ Teigknetstufe zu einem geschmeidigen Teig. Fülle den Teig in eine eingeölte Schüssel um und lass ihn 1 Stunde mit Frischhaltefolie und einem Geschirrtuch abgedeckt an einem warmen Ort gehen, bis er sein Volumen verdoppelt hat. Heize gegen Ende der Ruhezeit den Backofen auf 180°C Umluft (200°C Ober-/Unterhitze) vor. Lege die Springform mit Backpapier aus.

2. Reinige den Mixtopf. Mahle die Mandeln und das Trockenobst im Mixtopf 10 Sekunden/ Stufe 10 fein. Schiebe die Reste mit dem Spatel nach unten. Gib für die Füllung Honig oder Ahornsirup, pflanzliche Milch, Aroma und Walnusskerne hinzu und verarbeite alles 10 Sekunden/ Stufe 5 zu einer geschmeidigen Masse.

3. Rolle den aufgegangenen Teig auf einer bemehlten Arbeitsfläche zu einem ca. 30 x 40 cm großen Rechteck aus, verteile die Füllung aus dem Mixtopf gleichmäßig darauf und rolle das Rechteck von der langen Seite her auf. Schneide nun mit einem scharfen Messer die Rolle in 12 gleich große Schnecken.

4. Setze die Schnecken an den Rand der vorbereiteten Springform, bestreiche den entstandenen Kranz mit der Sahne und bestreue die Oberfläche mit Mandelstiften.

5. Backe den Nusskranz im vorgeheizten Ofen 30 Minuten/ 180°C Umluft (200°C Ober-/Unterhitze).

Corinnas Tipp

Anstelle der Marzipanmöhren kannst du den Kuchen auch mit einem Topping aus 3 EL glattgerührtem, dünn aufgetragenem Fruchtaufstrich und darüber als oberster Schicht 80 g dunkler, geschmolzener Schokolade (85 %) verzieren.

Corinnas Tipp

Am besten schmeckt die Rüblitorte, wenn man sie 1–2 Tage durchziehen lässt. Du kannst sie also gut im Voraus backen und am Tag des Servierens verzieren.

Rüblitorte

Die Rüblitorte passt für mich wegen ihrer herrlichen Orangefarbe zum goldenen Herbst. Auf der Suche nach einem gesunden Kompromiss zum ansonsten ziemlich zuckrigen Original der Rüblitorte entstand diese Kreation: ein super saftiger und aromatischer Mandelteig mit natürlicher Dekoration.

Zutaten

Utensilien:
Springform, Ø 26 cm oder quadratische Brownie-Form, 20 x 20 cm
Backpapier

Für den Rührteig:
250 g ganze Mandeln, ungeschält
450 g Möhren, geschält, in Stücken
3 EL Vanilleextrakt
½ Pck. Backpulver
½ TL Salz
1 TL Zimt
½ TL Ingwer
100 g Butter, weich
100 g Honig oder Ahornsirup
3 Eier, Größe M

Für die Dekoration:
100 g Marzipanrohmasse, gerne Honigmarzipan, evtl. selbstgemacht
Kurkuma-Pulver
frische Zitronenmelisse oder Minze
Puderzucker zum Bestäuben

1. Heize zunächst den Backofen auf 160°C Umluft (180°C Ober-/Unterhitze) vor und lege die Spring- oder Brownieform mit Backpapier aus.

2. Mahle für den Teig die Mandeln im Mixtopf 10 Sekunden/ Stufe 10 fein und fülle sie in eine separate Schüssel um. Gib die Möhrenstücke und den Vanilleextrakt in den Mixtopf und zerkleinere alles 6 Sekunden/ Stufe 7. Schiebe die Reste mit dem Spatel nach unten. Füge nun die gemahlenen Mandeln mit dem Backpulver, dem Salz und den Gewürzen zur Möhrenmischung hinzu und vermische alles 10 Sekunden/ Stufe 5 mithilfe des Spatels. Fülle die Masse in eine separate Schüssel um. Reinige den Mixtopf.

3. Rühre die Butter mit dem Honig oder Ahornsirup 15 Sekunden/ Stufe 4 glatt. Lass nun die Eier auf Stufe 4 nach und nach durch die Deckelöffnung gleiten und verrühre jedes Ei ca. 30 Sekunden.

4. Gib zum Schluss die Möhren-Mischung zur Buttermasse und verrühre alles 30 Sekunden/ Stufe 5.

5. Fülle den Teig in die vorbereitete Backform.

6. Backe die Rüblitorte im vorgeheizten Backofen 40–50 Minuten/ 160°C Umluft (180°C Ober-/Unterhitze). Mache am Ende der Backzeit eine Stäbchenprobe. Bleibt kein Teig am Holzstäbchen kleben, ist der Kuchen gar. Ansonsten verlängere die Backzeit um ein paar Minuten.

7. Verknete für die Dekoration das Marzipan mit dem Kurkuma-Pulver. Forme aus der Masse 12 Möhrchen und nimm jeweils ein Blättchen Minze oder Melisse für das Möhrengrün. Verteile die Möhrchen auf der ausgekühlten Rüblitorte und bestäube die Torte mit Puderzucker.

Corinnas Tipp
An Weihnachten passen prima 2 TL Zimt/ Spekulatius- oder Lebkuchengewürz in den Teig.

Rote Beete-Brownies

Lange habe ich an einer geschmacklich gleichwertigen, aber deutlich gesünderen Variante von Brownies gearbeitet. Diese Rote Beete-Brownies sind unglaublich saftig, schmecken herrlich schokoladig und sind echte kleine Nährstoffwunder!

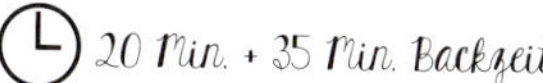

Zutaten

Utensilien:
kleine Kastenform,
ca. 11 x 20 cm
Backpapier

Für den Rührteig:
125 g Mandeln, ungeschält, gemahlen
250 g gekochte Rote Beete
1 TL Backpulver
20 g Honig oder Ahornsirup
3 Eier, Größe M
1 Prise Salz
100 g Bitterschokolade, 85 %, alternativ: 75 g Bitterschokolade, 85 % + 25 g Zartbitter-Schokotröpfchen
2 EL Kokosöl

1. Heize den Backofen auf 160°C Umluft (180°C Ober-/Unterhitze) vor und kleide die Kastenform mit Backpapier aus.

2. Gib die Mandeln in den Mixtopf und mahle diese 10 Sekunden/ Stufe 10 fein. Schiebe die Reste mit dem Spatel nach unten. Füge nun die Rote Beete hinzu und zerkleinere alles zusammen weitere 10 Sekunden/ Stufe 5. Schiebe die Reste wieder mit dem Spatel nach unten.

3. Füge nun das Backpulver, den Ahornsirup, die Eier und das Salz hinzu und vermische alles 20 Sekunden/ Stufe 4,5. Fülle die Gemüsemischung in eine separate Schüssel um. Reinige den Mixtopf.

4. Schmelze die Schokolade im Mixtopf zusammen mit dem Kokosöl 5 Minuten/ 60°C/ Stufe 1. Gib die geschmolzene Schokolade in die Schüssel zu der Gemüsemischung und verrühre beides mit einem Teigschaber.

5. Fülle den Teig in die vorbereitete Form. Backe die Brownies im vorgeheizten Backofen 35 Minuten/ 160°C Umluft (180°C Ober-/ Unterhitze). Die Brownies sollten am Ende der Backzeit noch nicht ganz durchgebacken sein, sondern noch ein wenig „matschig“. Dann haben sie die richtige Konsistenz.

Corinnas Tipp
Anstelle des Kürbis kannst du auch prima Zucchini verwenden.

Kürbis-Mandelkuchen

In das Herbstkapitel gehört natürlich auch ein klassischer Kürbiskuchen. Dieser Kuchen ist richtig saftig und sehr schnell gemacht. Unbedingt ausprobieren!

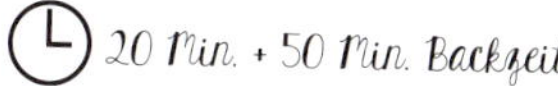

Zutaten

Utensilien:
Kastenform, 30 cm, oder Springform, Ø 24–26 cm
Backpapier

Für den Rührteig:
100 g Mandeln, ungeschält
250 g Hokkaidokürbis, in groben Stücken
100 g Butter, weich
100 g Honig oder Ahornsirup
2 EL Vanilleextrakt
1 Prise Salz
1 TL Zimt
3 Eier, Größe M
250 g Weizen- oder Dinkelmehl, Type 1050
1 Pck. Backpulver
50 g Zartbitter-Schokotröpfchen

Für die Glasur:
75 g Bitterschokolade, 70–85 %

1. Heize den Backofen auf 160°C Umluft (180°C Ober-/Unterhitze) vor. Kleide die Kasten- oder Springform mit Backpapier aus.

2. Mahle die Mandeln im Mixtopf 10 Sekunden/ Stufe 10 fein und fülle sie in eine separate Schüssel um.

3. Zerkleinere den Kürbis im Mixtopf 10 Sekunden/ Stufe 5 und gib die Kürbismasse zu den Mandeln. Reinige den Mixtopf.

4. Schlage nun die Butter mit dem Honig oder Sirup, dem Vanilleextrakt, dem Salz und dem Zimt 40 Sekunden/ Stufe 4,5 schaumig. Rühre nun auf Stufe 4,5 ohne Zeiteinstellung die Eier einzeln unter – jedes Ei ca. 30 Sekunden.

5. Füge das Mehl, das Backpulver, die Schokotröpfchen sowie die Kürbis-Mandelmischung hinzu und vermische alles 20 Sekunden/ Stufe 4,5.

6. Fülle den Teig in die vorbereitete Form.

7. Backe den Kuchen im vorgeheizten Ofen 50 Minuten/ 160°C Umluft (180°C Ober-/Unterhitze). Mache am Ende der Backzeit eine Stäbchenprobe. Wenn kein Teig mehr am Holzstäbchen hängen bleibt, ist der Kuchen gar. Ansonsten verlängere die Backzeit um ein paar Minuten.

8. Reinige den Mixtopf. Gib für die Glasur die Schokolade in den Mixtopf und lass sie 5 Minuten/ 60°C/ Stufe 1 schmelzen. Verziere den noch warmen Kuchen in der Form mit der geschmolzenen Schokolade.

Versunkener Apfelkuchen

Dieser Apfelkuchen ist ein Klassiker und super praktisch, wenn es schnell gehen muss und du spontan Lust auf Kuchen hast.

Zutaten

Utensilien:
Springform, Ø 26 cm
Backpapier

Für den Rührteig:
100 g Butter, weich
100 g Ahornsirup oder Honig
20 g Vanilleextrakt
1 Prise Salz
3 Eier, Größe M
200 g Weizen- oder Dinkelmehl, Type 1050
½ Pck. Backpulver

Für den Belag:
4 mittelgroße säuerliche Äpfel, geschält, entkernt, geviertelt
3 EL Mandelstifte oder gehackte Walnusskerne

Für die Dekoration:
3 EL feiner Aprikosen-Fruchtaufstrich, glattgerührt

1. Heize den Backofen auf 160°C Umluft (180°C Ober-/Unterhitze) vor und kleide die Springform mit Backpapier aus.

2. Erwärme die Butter im Mixtopf 1 Minute/ 37°C/ Stufe 1. Gib nun den Ahornsirup oder den Honig, den Vanilleextrakt sowie das Salz hinzu und rühre alles für 40 Sekunden/ Stufe 4 glatt.

3. Lass nun die Eier auf Stufe 4 nach und nach durch die Deckelöffnung in den Mixtopf gleiten und verrühre jedes Ei ca. 30 Sekunden.

4. Gib zum Schluss Mehl und Backpulver zur Butter-Ei-Masse und verrühre alles 20 Sekunden/ Stufe 4,5.

5. Fülle den Teig in die vorbereitete Springform. Setze die Apfelviertel kranzförmig mit dem Rücken nach oben in den Teig.

6. Schneide die Apfelviertel auf dem Rücken der Länge nach dicht mehrmals ein. Bestreue den Kuchen gleichmäßig mit den Mandeln oder Nüssen. Backe den Apfelkuchen im vorgeheizten Ofen 30 Minuten/ 160°C Umluft (180°C Ober-/Unterhitze).

7. Nimm den Kuchen nach der Backzeit aus dem Ofen und bestreiche den noch heißen Kuchen mit dem glattgerührten Aprikosen-Fruchtaufstrich.

Corinnas Tipp
Die Walnusstarte hält sich gut verpackt prima 1 Woche. Sie wird in dieser Zeit immer aromatischer.

Walnusstarte

Die Walnusstarte passt sowohl in den Herbst als auch zu Weihnachten, denn im Herbst sind die Walnüsse reif und zu Weihnachten lässt sich die Tarte schön eingepackt verschenken.

Zutaten

Utensilien:
Frischhaltefolie
Tarteform, Ø 28–30 cm
Backpapier
Backpinsel

Für den Mürbteig:
300 g Weizen- oder Dinkelvollkornmehl
30 g Kokosblüten- oder Vollrohrzucker
½ TL Salz
100 g Butter, kalt, in Stücken
20 g Hafermilch

Für die Füllung:
300 g Walnüsse
100 g Honig oder Ahornsirup
2 EL Vanilleextrakt
100 g Schlagsahne, mind. 30 % Fett
1 TL Zimt
1 Prise Salz

Zum Bestreichen und Bestreuen:
2 EL Wasser
1 EL Kokosblüten- oder Vollrohrzucker

1. Gib für den Mürbteig Mehl, Zucker, Salz und Butter in den Mixtopf und vermenge alles 20 Sekunden/ Stufe 4,5. Füge dann die Hafermilch hinzu und verarbeite alles auf Stufe 4,5 zu einem Teig, der gerade so zusammenhält. Er sollte nicht überknetet werden, da er sonst an Elastizität verliert. Wickle den Teig in Frischhaltefolie und stelle ihn für 30 Minuten im Kühlschrank kalt. Heize den Backofen auf 160°C Umluft (180°C Ober-/ Unterhitze) vor.

2. Bereite in der Zwischenzeit die Füllung zu. Lege von den Walnüssen 12 Hälften für die Dekoration beiseite. Röste die übrigen Walnüsse in einer heißen Pfanne ohne Fett an, bis sie aromatisch zu duften beginnen. Gib die gerösteten Walnüsse zusammen mit dem Ahornsirup, dem Vanilleextrakt, der Sahne, dem Zimt sowie dem Salz in den sauberen Mixtopf und koche die Masse 5 Minuten/ 100°C/ Linkslauf / Stufe 2 ein.

3. Rolle nach der Ruhezeit ⅔ des Teiges auf Backpapier in Tarteformgröße aus und lege den Teig mitsamt des Backpapiers in die Form, so dass die Form mit Teig ausgekleidet ist. Verteile die Walnussmasse auf dem Boden.

4. Rolle den restlichen Teig auf Backpapier auf Tarteformgröße aus und lege diesen als Decke auf die Nussmasse. Drücke die Decke und den Boden gut mit einer Gabel zusammen, so dass keine Füllung herausläuft.

5. Bestreiche die Teigdecke mit dem Wasser, bestreue sie mit dem Zucker und dekoriere sie mit den beiseitegelegten Walnusshälften.

6. Backe die Tarte im vorgeheizten Ofen 45 Minuten/ 160°C Umluft (180°C Ober-/ Unterhitze), bis der Kuchen eine schöne goldbraune Farbe angenommen hat.

Corinnas Tipp
Serviere den Zwetschgenkuchen am besten noch lauwarm und unbedingt mit Schlagsahne!

Zwetschgenkuchen

12 Stück

mittel

30 Min. + 30 Min. Ruhezeit + 40 Min. Backzeit

Zutaten

Utensilien:
Tarteform, Ø 28–30 cm, Frischhaltefolie, Backpapier

Für den Mürbteig:
250 g Weizen- oder Dinkelmehl, Type 1050
1 TL Backpulver
20 g Kokosblüten- oder Vollrohrzucker
80 g Butter, kalt, in Stücken
1 Prise Salz
1 Ei, Größe M

Für den Belag:
1000 g Zwetschgen, entsteint, halbiert

Für den Guss:
200 g Schlagsahne, mind. 30 % Fett
100 g Speisequark, 20 % Fett
1 EL Vanilleextrakt
40 g Weizen- oder Dinkelmehl, Type 1050
50 g Honig oder Ahornsirup
2 Eier, Größe M

Für die Streusel:
60 g Weizen- oder Dinkelmehl, Type 1050
20 g Butter, weich
30 g Kokosblüten- oder Vollrohrzucker
½ TL Zimt
1 Prise Salz
50 g Mandelstifte oder Walnüsse

1. Gib für den Mürbteig Mehl, Backpulver, Zucker, Butter, Salz und Ei in den Mixtopf und verarbeite die Zutaten 30 Sekunden/ Stufe 5 zu einem Mürbteig. Wickle den Teig in Frischhaltefolie ein und stelle ihn für 30 Minuten im Kühlschrank kalt. Heize den Backofen auf 170°C Umluft (190°C Ober-/Unterhitze) vor und kleide die Tarteform mit Backpapier aus.

2. Entsteine in der Zwischenzeit die Zwetschgen und halbiere sie.

3. Reinige den Mixtopf. Rühre für den Guss Sahne, Quark, Vanilleextrakt, Mehl, Honig oder Ahornsirup und Eier 20 Sekunden/ Stufe 4,5 zu einer geschmeidigen Masse.

4. Verteile den Teig nach der Ruhezeit in der Form. Lege auf den Teig sternförmig die Zwetschgenhälften. Gieße den Guss aus dem Mixtopf gleichmäßig über die Zwetschgen.

5. Reinige den Mixtopf. Fülle für die Streusel Mehl, Butter, Zucker, Zimt und Salz in den Mixtopf und verarbeite diese 5 Sekunden/ Stufe 5 zu einer krümeligen Masse. Füge nun die Mandelstifte oder Walnüsse dazu und verarbeite alles 5 Sekunden/ Linkslauf/ Stufe 2 zu Streuseln und gib diese über den Guss.

6. Backe den Kuchen im vorgeheizten Backofen 40 Minuten/ 170°C Umluft (190°C Ober-/Unterhitze), bis die Streusel eine goldbraune Farbe angenommen haben.

Neben dem Klassiker „Zwetschgendatschi", den du in meinem ersten Buch „Gesundes Backen" findest, ist dieser saftige Zwetschgenkuchen unser Liebling, wenn es ums Backen mit Zwetschgen geht.

Winter

Corinnas Tipp

Bereite den Hefeteig schon am Vorabend vor und lass ihn abgedeckt im Kühlschrank gehen bzw. durchziehen. Nimm den Teig ca. 1 Stunde, bevor du die Gänse oder Klausenmänner formen möchtest, aus dem Kühlschrank.

Der Klausenmann hat seinen Namen vom heiligen Nikolaus. Er wird im Gebiet zwischen Donau und Lech so genannt – in anderen Regionen Deutschlands ist der Klausenmann unter einer Vielzahl anderer Namen bekannt, etwa als Weckmann oder Stutenkerl. Die Klausenmänner hat unsere Oma immer zum Nikolausabend gebacken. Als ich älter war, habe ich ihr oft geholfen und genau zugeschaut, wie schön Oma die Klausen formte. Es war immer herrlich, als wir die Kerle warm und duftend aus dem Ofen holten und ich sie in einem Körbchen mit nach Hause tragen durfte.

Martinsgänse oder Klausenmänner
(auch als Weckmänner oder Stutenkerle bekannt)

Zutaten

Utensilien:
2 Backbleche, -papier
Frischhaltefolie
Backpinsel
Kuchengitter

Für den Hefeteig:
200 g pflanzliche Milch, z.B. Hafermilch
½ Würfel Frischhefe
20 g Kokosblüten- oder Vollrohrzucker
50 g Honig oder Ahornsirup
500 g Dinkelmehl, Type 630
1 Eiweiß, Größe M
1 TL Salz
50 g Butter, kalt, in Stücken

Zum Bestreichen und Verzieren:
1 Eigelb, Größe M
1 EL Wasser
Rosinen, gehackte Mandeln oder Mandelstifte

1. Erwärme die pflanzliche Milch mit der Hefe und dem Zucker 3 Minuten/ 37°C/ Stufe 1. Gib Honig oder Ahornsirup, Mehl, Eiweiß und Salz in den Mixtopf und knete alles 2 Minuten/ Teigknetstufe. Füge nun die Butter hinzu und knete den Teig nochmals 1 Minute/ Teigknetstufe geschmeidig. Fülle den Teig in eine eingeölte Schüssel um und lass ihn 1 Stunde mit Frischhaltefolie und einem Geschirrtuch abgedeckt an einem warmen Ort gehen, bis er sein Volumen verdoppelt hat. Du kannst den Teig auch über Nacht gehen lassen (s. Tipp).

2. Teile den gegangenen Teig in 12 Teile, wenn du Gänse backen möchtest bzw. 6 Teile, wenn du Klausenmänner machen möchtest. Forme die Teigportionen zu ovalen Laiben und lass sie abgedeckt nochmals 10 Minuten ruhen.

3. Forme aus den Laiben anschließend entweder Gänse oder Klausenmänner. Dafür rolle zunächst die Teigportionen auf einer bemehlten Arbeitsfläche ca. 1,5 cm dick aus. Für die Martinsgänse kannst du eine Gänseform aus Backpapier zuschneiden, die du auf den Teig legst. Schneide dann mit einem scharfen Messer die Gänseform aus. Bei den Klausenmännern kannst du die Teigportionen für die Arme und Beine mit einem Messer einschneiden und diese dann anschließend beliebig ausformen. Bestreiche dann Gänse oder Klausenmänner mit dem mit Wasser verquirlten Eigelb und dekoriere sie nach Wunsch. Verteile die Gänse bzw. Klausenmänner auf 1–2 mit Backpapier ausgelegten Backblechen.

4. Heize den Backofen auf 160°C Umluft (180°C Ober-/Unterhitze) vor und lass die Gänse bzw. Klausenmänner abgedeckt nochmals ca. 20 Minuten gehen. Backe sie im vorgeheizten Backofen 15 Minuten (Gänse) oder 20 Minuten (Klausenmänner) goldgelb.

5. Lass die fertigen Gänse bzw. Klausenmänner auf einem Kuchengitter abkühlen.

Corinnas Tipp
Mit Butter bestrichen schmeckt das Apfelbrot herrlich. Das Brot bleibt mehrere Tage saftig und kann auch super portionsweise eingefroren werden. Anstelle der Äpfel kannst du auch prima Birnen verwenden.

Apfelbrot

Dieses Apfelbrot ist ruckzuck gemacht und gehört für uns unbedingt zur Adventszeit.

20 Scheiben

leicht

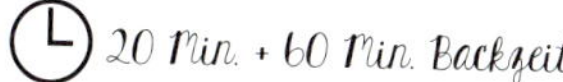
20 Min. + 60 Min. Backzeit

Zutaten

Utensilien:
Kastenform, 30 cm
Backpapier
Kuchengitter

Für den Teig:
700 g Äpfel, entkernt und geviertelt
100 g Mandeln, ungeschält
100 g Rosinen
100 g getrocknete Aprikosen
400 g Weizen- oder Dinkelmehl, Type 1050
1 Pck. Backpulver
2 TL Zimt
200 g ganze Nüsse, gemischt, z.B. Walnüsse, Haselnüsse, Mandeln, Cashewkerne

1. Heize den Backofen auf 160°C Umluft (180°C Ober-/Unterhitze) vor und kleide die Kastenform mit Backpapier aus.

2. Zerkleinere die Äpfel im Mixtopf 5 Sekunden/ Stufe 5 mithilfe des Spatels und fülle die Masse in eine separate Schüssel um.

3. Mahle die Mandeln im Mixtopf 10 Sekunden/ Stufe 10 fein. Schiebe die Reste mit dem Spatel nach unten. Gib Rosinen und Aprikosen dazu und zerkleinere alles weitere 10 Sekunden/ Stufe 8 und fülle die Masse zu den Äpfeln um.

4. Füge nun das Mehl, das Backpulver, den Zimt und die Nüsse zur Apfelmasse hinzu und verrühre alles gut mit einem Esslöffel.

5. Fülle den Teig in die vorbereitete Kastenform.

6. Backe das Brot im vorgeheizten Ofen 60 Minuten/ 160°C Umluft (180°C Ober-/Unterhitze). Mache am Ende der Backzeit eine Stäbchenprobe. Wenn noch Teig am Holzstäbchen hängen bleibt, verlängere die Backzeit um ein paar Minuten. Bleibt kein Teig mehr am Stäbchen hängen, ist das Brot gar. Lass das Brot ca. 30 Minuten auskühlen, nimm es aus der Form und lass das Brot ohne das Backpapier auf einem Kuchengitter vollständig auskühlen.

Corinnas Tipp

Die Aprikosen lassen sich auch prima durch andere Trockenfrüchte, wie z.B. Cranberries, Kirschen, Apfelringe oder Rosinen, ersetzen. Anstelle des Vanilleextrakts kannst du auch Rum, Amaretto oder Grand Marnier verwenden. Auf diese Weise erhältst du immer wieder andere Geschmacksrichtungen deines Stollens.

Aprikosen-Walnuss-Quarkstollen

Zutaten

Utensilien:
Backblech, -papier
Backpinsel

Für die Füllung:
250 g getrocknete Aprikosen (keine Softfrüchte)
200 g Walnüsse
30 g Vanilleextrakt oder Apfelsaft

Für den Teig:
150 g Butter, weich
100 g Honig oder Ahornsirup
½ TL Salz
¼ Fl. Bittermandelaroma
2 Eier, Größe M
500 g Weizen- oder Dinkelmehl, Type 1050
1 Pck. Backpulver
250 g Quark, 20 % Fett

Zum Bestreichen und Verzieren:
50 g geschmolzene Butter
20 g Puderzucker gemischt mit 1 TL Vanillezucker, nach Belieben

1. Heize den Backofen auf 180°C Umluft (200°C Ober-/Unterhitze) vor.

2. Zerkleinere die Aprikosen im Mixtopf 3 Sekunden/ Stufe 8 . Fülle sie in eine Schüssel um und lege sie zusammen mit den Walnüssen im Vanilleextrakt oder Apfelsaft über Nacht ein.

3. Rühre am nächsten Tag die Butter mit dem Honig oder dem Sirup 20 Sekunden/ Stufe 4,5 im Mixtopf schaumig. Gib die Eier hinzu und rühre diese 20 Sekunden/ Stufe 4,5 unter.

4. Füge nun das Mehl, das Backpulver sowie den Quark hinzu und knete alles 1 Minute/ Teigknetstufe. Gib zum Schluss die eingelegten Aprikosen und die Walnüsse zum Teig und knete diese wiederum 1 Minute/ Teigknetstufe unter.

5. Forme aus dem Teig einen Stollen und setze ihn auf ein mit Backpapier ausgelegtes Backblech.

6. Backe den Stollen im vorgeheizten Ofen 60 Minuten/ 180°C Umluft (200°C Ober-/Unterhitze) goldbraun. Mache am Ende der Backzeit eine Stäbchenprobe. Wenn kein Teig mehr am Holzstäbchen hängen bleibt, ist der Kuchen gar. Ansonsten verlängere die Backzeit um ein paar Minuten.

7. Bestreiche den noch heißen Stollen mit der geschmolzenen Butter und bestäube ihn nach Belieben mit dem Puderzuckergemisch.

Dieser Quarkstollen schmeckt im Gegensatz zum Christstollen frisch und am nächsten Tag am besten. Deshalb eignet er sich wunderbar um die Wartezeit auf den Christstollen, der 3–4 Wochen durchziehen sollte, zu verkürzen.

Corinnas Tipp
Für eine leckere Beeren-Variante ersetzt du die Schokotröpfchen durch 200 g beliebige Beeren, z.B. Heidelbeeren, Johannis- oder Himbeeren - frisch oder tiefgekühlt.

Bananen-Kokoskuchen

Die Kombination aus Banane und Kokos erinnert einfach an Sonne, Sommer und Meer und heitert an einem trüben Wintertag schnell die Stimmung auf.

Zutaten

Utensilien:
Kastenform, 30 cm
Backpapier

Für den Rührteig:
100 g Haferflocken, zart
100 g Kokosraspel
150 g Weizen- oder Dinkelmehl, Type 1050
1 Pck. Backpulver
100 g Butter, weich
1 Prise Salz
3 Eier, Größe M
3 reife Bananen, in Stücken
250 g Kokosmilch
100 g Zartbitter-Schokotröpfchen

Für die Glasur:
75 g Bitterschokolade, 70–85 %
geröstete Kokoschips oder Kokosraspel

1. Heize den Backofen auf 160°C Umluft (180°C Ober-/Unterhitze) vor und kleide die Kastenform mit Backpapier aus.

2. Mahle die Haferflocken und die Kokosraspel im Mixtopf 10 Sekunden/ Stufe 10 fein. Schiebe die Reste mit dem Spatel nach unten. Gib das Mehl sowie das Backpulver hinzu und verrühre alles 10 Sekunden/ Stufe 3. Fülle die Mehlmischung in eine Schüssel um. Reinige den Mixtopf.

3. Schlage nun die Butter zusammen mit dem Salz 15 Sekunden/ Stufe 4,5 schaumig. Rühre nun auf Stufe 4,5 die Eier nach und nach unter die Buttermischung - jedes Ei 30 Sekunden.

4. Füge zu dieser Crememasse die Bananenstücke hinzu und püriere diese 15 Sekunden/ Stufe 5. Gib nun die Mehlmischung und die Kokosmilch hinzu und verrühre alles 15 Sekunden/ Stufe 5.

5. Zum Schluss wiegst du die Schokotröpfchen in den Mixtopf ein und rührst diese 15 Sekunden/ Linkslauf/ Stufe 4 unter den Teig.

6. Gib den Teig in die vorbereitete Kastenform und streiche ihn glatt.

7. Backe den Kuchen im vorgeheizten Ofen 50 Minuten/ 160°C Umluft (180°C Ober-/Unterhitze). Mache am Ende der Backzeit eine Stäbchenprobe. Wenn kein Teig mehr am Holzstäbchen hängen bleibt, ist der Kuchen gar. Ansonsten verlängere die Backzeit um ein paar Minuten.

8. Reinige den Mixtopf. Für die Glasur gibst du die Bitterschokolade in den Mixtopf und lässt sie 5 Minuten/ 60°C/ Stufe 1 schmelzen.

9. Verziere den noch warmen Kuchen in der Form mit der geschmolzenen Schokolade und den Kokoschips oder Kokosraspeln. Lass den Kuchen erkalten, bevor du ihn servierst.

Corinnas Tipp

Zu einem „echten“ Christstollen gehört die obere Puderzucker-Schicht unbedingt dazu. An Weihnachten darf man aber auch meiner Ansicht nach ruhig mal eine Ausnahme machen, was das Thema Zucker anbelangt.

8. Backe die Stollen im vorgeheizten Ofen 55 Minuten/ 140°C Umluft (160°C Ober-/Unterhitze). Bei der Stäbchenprobe darfst du keinen rohen Teig mehr feststellen. Lass die Stollen weitere 5 Minuten im ausgeschalteten Backofen ruhen.

9. Bestreiche die noch heißen Stollen mit der geschmolzenen Butter. Wiederhole das Bestreichen, bis die Butter aufgebraucht ist und bestäube die Stollen zum Schluss nach Belieben (s. Tipp) mit dem Puder-Vanillezucker-Gemisch. Packe den fertigen Stollen in Alufolie und lass ihn für mind. 2 Wochen ruhen, bevor du ihn anschneidest. Dann ist er richtig gut durchgezogen.

Christstollen

Dieses Stollenrezept ist unser Familienrezept. Da das Rezept doch sehr aufwendig ist, schlummerte es einige Jahre in der Rezeptschublade, bis meine Mama es eines Tages wieder „ausgegraben“ hat und seitdem ist mein Papa vor Beginn der Adventszeit als Stollenbäcker beauftragt.

Zutaten

Utensilien:
2 Backbleche, -papier
Frischhaltefolie
Backpinsel

Vorbereitung am Vorabend:
375 g Rosinen
375 g Zitronat
125 g Orangeat
125 g Rum

Für den Hefeteig:
375 g Mandeln, ungeschält
300 g Honig oder Ahornsirup, alternativ: 300 g Rohrohrzucker
½ Fl. Bittermandelaroma
1½ TL Salz
1 TL Stollen- oder Spekulatiusgewürz
Schale von ½ Bio-Zitrone
375 g pflanzliche Milch, z.B. Hafermilch
2½ Würfel Frischhefe
1500 g Dinkelmehl, Type 630
500 g Butter, weich, in Stücken

Zum Bestreichen und Bestäuben:
etwas Wasser
200 g Butter, zerlassen
70 g Puderzucker gemischt mit 1 Pck. Vanillezucker, nach Belieben

1. Lege am Vorabend die Trockenfrüchte in einer Schüssel mit Rum ein und lass sie abgedeckt bei Zimmertemperatur bis zum nächsten Tag ziehen.

2. Mahle am Backtag die Mandeln im Mixtopf 5 Sekunden/ Stufe 8. Es dürfen ruhig noch ein paar Stückchen vorhanden sein. Schiebe die Reste mit dem Spatel nach unten. Verrühre die Mandeln mit dem Honig bzw. Sirup, dem Bittermandelaroma, dem Salz, dem Gewürz sowie der Zitronenschale 10 Sekunden/ Stufe 3. Fülle diese Mandelmischung in eine Schüssel um. Reinige den Mixtopf.

3. Erwärme nun die pflanzliche Milch mit der Hefe 3 Minuten/ 37°C/ Stufe 1 und fülle ¾ dieser Milch-Mischung um. Gib nun jeweils 375 g Mehl sowie ¼ der Trockenfrüchte-Mischung und der Mandelmischung in den Mixtopf und knete alles 2 Minuten/ Teigknetstufe. Füge nun 125 g Butter zum Teig hinzu und erstelle in ca. 2 Minuten/ Teigknetstufe einen geschmeidigen, glänzenden Teig, der sich vom Mixtopf löst. Fülle den Teig in eine eingeölte Schüssel um.

4. Wiederhole den Vorgang nun mit den übrigen Zutaten noch 3 Mal und lass dann den Teig auf 4 Schüsseln verteilt ca. 1 Stunde mit Frischhaltefolie und einem Geschirrtuch abgedeckt an einem warmen Ort gehen, bis sich sein Volumen verdoppelt hat. Das Gehen des Teigs ist beendet, wenn sich dieser bei Fingerdruck sofort wieder hebt.

5. Forme jeden aufgegangenen Teig zu einem Brotlaib. Lass die Brotlaibe auf 2 mit Backpapier ausgelegten Backblechen 1 weitere Stunde abgedeckt gehen. Arbeite während dieser Zeit die Teige 2–3-mal leicht durch.

6. Heize den Backofen auf 140°C Umluft (160°C Ober-/Unterhitze) vor.

7. Forme in der Zwischenzeit aus den Broten lange Rollen und schneide sie in der Mitte der Länge nach mit einem scharfen Messer ca. 1 cm tief ein und bestreiche die Stollen mit Wasser.

Elisen-Lebkuchen

Das sind unsere absoluten Lieblingslebkuchen Sie sind super saftig, da sie nur Mandeln und Nüsse und kein Mehl enthalten. Genauso wie Elisen-Lebkuchen sein müssen!

Zutaten

Utensilien:
Frischhaltefolie
2 Backbleche, -papier

Für die Lebkuchenmasse:
200 g Mandeln, ungeschält
100 g Haselnüsse, ungeschält
50 g Zitronat
50 g Orangeat
2 Eier, Größe M
1 Prise Salz
120 g Honig oder Ahornsirup, alternativ: 120 g Rohrohrzucker
½ EL Lebkuchengewürz
½ TL Backpulver

Für die Verzierung:
200 g Bitterschokolade, 70–85 %
geröstete Mandelstifte, Mandelblättchen, ganze Mandeln oder Walnusshälften

Außerdem:
ca. 20 Oblaten à 70 mm Ø oder ca. 30 Oblaten à 50 mm Ø

1. Mahle die Mandeln und Nüsse sowie das Zitronat und Orangeat 15 Sekunden/ Stufe 10 fein und fülle die Mischung in eine Schüssel um. Reinige den Mixtopf.

2. Schlage die Eier mit dem Salz und dem Honig oder dem Sirup 4 Minuten/ Stufe 4,5 weißschaumig auf. Gib die Masse sowie das Lebkuchengewürz und das Backpulver zu dem gemahlenen Mandel-Nuss-Gemisch und hebe alles mit einem Teigspatel vorsichtig untereinander.

3. Decke die Schüssel mit Frischhaltefolie ab und lass die Masse über Nacht im Kühlschrank ruhen.

4. Heize am nächsten Tag den Backofen auf 140°C Umluft (160°C Ober-/ Unterhitze) vor. Verteile die Oblaten auf 2 mit Backpapier ausgelegte Backbleche.

5. Gib die Nussmasse mit einem angefeuchteten Löffel oder den Händen auf die Oblaten, so dass die Masse ca. 1,5 cm hoch ist.

6. Backe die Lebkuchen im vorgeheizten Backofen ca. 15 Minuten/ 140°C Umluft (160°C Ober-/Unterhitze), bis sie am Rand leicht gebräunt, in der Mitte aber noch feucht sind. Lass die Lebkuchen auf den Blechen auskühlen.

7. Gib die Schokolade in den sauberen Mixtopf und lass sie 8 Minuten/ 60°C/ Stufe 1 schmelzen.

8. Bestreiche die abkühlten Lebkuchen mit der Schokolade und verziere sie ganz nach Wunsch.

Corinnas Tipp

Sehr gut schmecken die Erdnussplätzchen auch mit einer Schokoglasur. Tauche dafür die Kekse an einer Seite in geschmolzene Bitterschokolade (70–85 %).

Erdnussplätzchen

Diese Erdnussplätzchen sind seit ein paar Jahren ein echtes Muss für den Plätzchenteller. Die salzige Note stellt eine willkommene Abwechslung zu dem ansonsten süßen Gebäck dar.

30 Min + 12 Std. Kühlzeit + 15 Min. Backzeit

Zutaten

Utensilien:
Frischhaltefolie
2 Backbleche, -papier

Für den Mürbteig:
125 g Butter, kalt, in Stückchen
125 g Erdnussmus aus 100 % Erdnüssen
75 g Honig oder Ahornsirup
200 g Dinkelmehl, Type 630
1 TL Backpulver
150 g geröstete und gesalzene Erdnusskerne

1. Schlage die Butter mit dem Erdnussmus 20 Sekunden/ Stufe 4 schaumig. Rühre nun den Honig oder den Sirup sowie das Ei 30 Sekunden/ Stufe 4 unter.

2. Füge dann das Mehl und das Backpulver hinzu und vermenge alles 20 Sekunden/ Stufe 5. Knete zum Schluss die Erdnusskerne 15 Sekunden/ Stufe 3 unter den Teig.

3. Forme den Teig zu 2 Rollen mit einem Durchmesser von ca. 3–5 cm, wickle diese in Frischhaltefolie ein und lass die Rollen über Nacht im Kühlschrank ruhen.

4. Heize am nächsten Tag den Backofen auf 150°C Umluft (170°C Ober-/ Unterhitze) vor.

5. Schneide von der Rolle ca. 0,5–1 cm dicke Scheiben ab und lege diese auf die mit Backpapier ausgelegten Backbleche.

6. Backe die Plätzchen im vorgeheizten Ofen 15 Minuten/ 150°C Umluft (170°C Ober-/Unterhitze) , bis sie goldgelb sind.

Corinnas Tipp
Am besten schmeckt der Gewürzkuchen einen Tag durchgezogen. Du kannst ihn also gut am Vortag backen und verzieren.

Gewürzkuchen

Ein saftiger Gewürzkuchen darf beim Adventskaffee auf keinen Fall fehlen. Dieses Rezept kommt immer super an und lässt sich prima vorbereiten.

Zutaten

Utensilien:
Kastenform, 30 cm
Backpapier

Für den Rührteig:
100 g Mandeln, ungeschält
100 g Bitterschokolade, 70–85 %
100 g Butter, weich
150 g Honig oder Ahornsirup
20 g Vanilleextrakt
1 Prise Salz
3 Eier, Größe M
250 g Dinkelmehl, Type 1050
1 Pck. Backpulver
150 g pflanzliche Milch (z.B. Hafermilch) oder Mineralwasser
20 g Kakao, schwach entölt, nach Belieben
2 TL Lebkuchen- oder Spekulatiusgewürz

Für die Dekoration:
75 g Bitterschokolade, 70–85 %
Mandelstifte, geröstet

1. Heize den Backofen auf 160 °C Umluft (180 °C Ober-/Unterhitze) vor. Kleide die Kastenform mit Backpapier aus.

2. Mahle die Mandeln zusammen mit der Schokolade im Mixtopf 10 Sekunden/ Stufe 8 fein und fülle die Masse in eine separate Schüssel um. Reinige den Mixtopf.

3. Rühre nun die Butter, zusammen mit dem Honig oder dem Sirup, dem Vanilleextrakt und dem Salz 40 Sekunden/ Stufe 4,5 schaumig und lass anschließend die Eier auf Stufe 4 nach und nach durch die Deckelöffnung gleiten. Verrühre dabei jedes Ei ca. 30 Sekunden.

4. Gib Mehl, Backpulver, pflanzliche Milch, Kakao und Gewürze zusammen mit der Mandel-Schokomischung in den Mixtopf und verrühre alles 20 Sekunden/ Stufe 5.

5. Fülle den Teig in die vorbereitete Kastenform.

6. Backe den Gewürzkuchen im vorgeheizten Backofen 50 Minuten/ 160 °C Umluft (180 °C Ober-/Unterhitze). Mache am Ende der Backzeit eine Stäbchenprobe. Wenn kein Teig mehr am Holzstäbchen hängen bleibt, ist der Kuchen gar. Ansonsten verlängere die Backzeit um ein paar Minuten.

7. Reinige den Mixtopf. Gib für die Deko die Schokolade in den Mixtopf und lass sie 5 Minuten/ 60 °C/ Stufe 1 schmelzen.

8. Überziehe den erkalteten Kuchen mit der geschmolzenen Schokolade und verziere die Oberfläche mit den Mandelstiften.

Corinnas Tipp

Die Lebkuchenwürfel schmecken frisch sowie am nächsten Tag besonders gut. Da der Mandelanteil eher gering ist, eignen sich die Lebkuchen nicht so gut zum längeren Aufbewahren. Am besten isst man die Lebkuchenwürfel ziemlich frisch.

Lebkuchenwürfel

Diese saftigen Lebkuchenwürfel sind super schnell gemacht und schmecken besonders Kindern richtig gut, da sie oft kein Zitronat und Orangeat mögen.

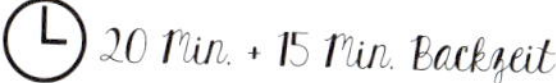

Zutaten

Utensilien:
Backrahmen
Backpapier

Für den Rührteig:
100 g Mandeln, ungeschält
100 g Butter, weich
100 g Honig oder Ahornsirup
250 g Weizen- oder Dinkelmehl, Type 1050
1 Pck. Backpulver
1 EL Lebkuchen- oder Spekulatiusgewürz
200 g pflanzliche Milch, z.B. Hafermilch oder Mineralwasser

Für die Dekoration:
100 g Bitterschokolade, 70–85 %
Mandelstifte, geröstet

1. Heize den Backofen auf 160 °C Umluft (180 °C Ober-/Unterhitze) vor. Kleide den Backrahmen mit Backpapier aus.

2. Mahle die Mandeln im Mixtopf 10 Sekunden/ Stufe 10 fein und fülle die Masse in eine separate Schüssel um. Reinige den Mixtopf.

3. Schmelze nun die Butter zusammen mit dem Honig oder dem Sirup 3 Minuten/ 50 °C/ Stufe 1.

4. Füge dann Mehl, Backpulver, Gewürz und pflanzliche Milch zusammen mit den Mandeln zur Buttermasse hinzu und vermische alles 20 Sekunden/ Stufe 4,5.

5. Streiche den Teig in den vorbereiteten Backrahmen und backe die Lebkuchenwürfel im vorgeheizten Backofen 15 Minuten/ 160 °C Umluft (180 °C Ober-/Unterhitze). Mache am Ende der Backzeit eine Stäbchenprobe. Wenn kein Teig mehr am Holzstäbchen hängen bleibt, ist der Kuchen gar. Ansonsten verlängere die Backzeit um ein paar Minuten.

6. Reinige den Mixtopf. Schmelze für die Dekoration die Schokolade im Mixtopf 5 Minuten/ 60 °C/ Stufe 1.

7. Überziehe den erkalteten Teig mit der geschmolzenen Schokolade, verziere die Oberfläche mit den Mandelstiften und schneide aus der Platte beliebig große Würfel.

Corinnas Tipp

Ich bereite den Hefeteig, die Füllung und die Streusel gerne schon am Vorabend vor und lasse den Teig dann mit Frischhaltefolie abgedeckt im Kühlschrank gehen. Die Füllung sowie die Streusel stelle ich ebenfalls im Kühlschrank zum Durchziehen kalt. Ca. 1 Stunde vor dem Formen nehme ich den Teig sowie die Füllung und die Streusel aus dem Kühlschrank und backe die Mohnschnitten wie im Rezept beschrieben.

Für die Streusel:
60 g Mandeln, ungeschält
30 g getrocknete Datteln oder Rosinen oder 40 g getrocknete Aprikosen, alternativ:
20 g Kokosblüten- oder Vollrohrzucker
60 g Weizen- oder Dinkelmehl, Type 1050 oder Vollkornmehl
50 g Butter, weich
1 EL Vanilleextrakt
20 g Honig oder Ahornsirup

Zum Bestreichen:
2 EL Wasser

Zum Bestäuben, nach Belieben:
etwas Puderzucker

Mohnschnitten
mit Streuseln

Diese Mohnschnitten sind eines meiner Lieblingsrezepte mit Mohn. Der Hefeteig und die Füllung sind super saftig und die Streusel geben einen schön knusprigen Kontrast. Außerdem reicht dieses Rezept für viele. Ideal also für eine große Kaffeerunde!

Zutaten

Utensilien:
Backblech, -papier
Frischhaltefolie
Backpinsel

Für den Hefeteig:
200 g pflanzliche Milch, z.B. Hafermilch
¼ Würfel Frischhefe
20 g Kokosblüten- oder Vollrohrzucker
30 g Honig oder Ahornsirup
400 g Dinkelmehl, Type 630
1 Ei, Größe M
1 gehäufter TL Salz
30 g Butter, weich

Für die Mohnfüllung:
120 g Mohn
250 g pflanzliche Milch, z.B. Hafermilch
60 g Honig oder Ahornsirup
40 g Dinkelgrieß
20 g Butter, weich
1 Ei, Größe M
nach Belieben: 5 Tröpfchen Bittermandel-Aroma oder 1 TL Zimt

1. Erwärme die pflanzliche Milch mit der Hefe, dem Zucker und dem Honig oder dem Sirup 3 Minuten/ 37°C/ Stufe 1. Gib Mehl, Ei und Salz in den Mixtopf dazu und knete den Teig 2 Minuten/ Teigknetstufe. Füge nun die Butter hinzu und knete alles erneut 1 Minute/ Teigknetstufe zu einem geschmeidigen Teig. Fülle den Teig in eine eingeölte Schüssel um und lass ihn ca. 1 Stunde mit Frischhaltefolie und einem Geschirrtuch abgedeckt an einem warmen Ort gehen, bis sich sein Volumen verdoppelt hat. Du kannst den Teig auch über Nacht gehen lassen (s. Tipp).

2. Bereite in der Zwischenzeit die Füllung und die Streusel zu. Reinige den Mixtopf. Gib für die Füllung den Mohn in den Mixtopf und mahle ihn 20 Sekunden/ Stufe 10 fein. Schiebe die Reste mit dem Spatel nach unten. Füge pflanzliche Milch, Honig oder Sirup, Grieß, Butter, Ei und Aroma in den Mixtopf und koche alles 5 Minuten/ 100°C/ Stufe 3 auf. Fülle die Masse in eine separate Schüssel um und lass sie ca. 1 Stunde abkühlen.

3. Mahle für die Streusel die Mandeln und das Trockenobst im sauberen Mixtopf 7 Sekunden/ Stufe 8 fein. Schiebe die Reste mit dem Spatel nach unten. Gib Mehl, Butter, Vanilleextrakt, Honig oder Ahornsirup hinzu und verarbeite alles 10 Sekunden/ Stufe 5 zu Streuseln.

4. Rolle den aufgegangenen Hefeteig auf Backpapier ca. 35 x 45 cm aus. Verteile die Mohnmasse gleichmäßig auf dem Teig und rolle den Teig von beiden Längsseiten zur Mitte hin auf. Ziehe das Backpapier mit den Mohnschnitten auf ein Backblech. Drücke den Teig etwas platt, bestreiche ihn mit Wasser und streue die Streusel gleichmäßig auf den Teig. Drücke die Streusel fest.

5. Heize den Backofen auf 160°C Umluft (180°C Ober-/Unterhitze) vor und lass in der Zwischenzeit die Schnitten noch 15 Minuten abgedeckt gehen.

6. Backe nun die Mohnschnitten im vorgeheizten Backofen 35 Minuten/ 160°C Umluft (180°C Ober-/Unterhitze) goldgelb.

7. Bestäube die Mohnschnitten nach Belieben mit etwas Puderzucker.

Mokka-Herzen

Die Mokka-Herzen gehören in unserer Familie zu den Lieblingsplätzchen. Sie schmecken super und sehen einfach wunderschön aus! Dabei sind sie ganz einfach und schnell gemacht!

Zutaten

Utensilien:
2 Backbleche, -papier
Frischhhaltefolie
Herzausstecher

Für den Mürbteig:
200 g Dinkelmehl, Type 630
1 EL lösliches Kaffeepulver
1 Eigelb, Größe M
100 g Butter, kalt, in Stücken
60 g Honig oder Ahornsirup, alternativ: Rohrohrzucker
1 EL Vanilleextrakt, alternativ: 1 Pck. Vanillezucker
50 g Zartbitter-Schokotröpfchen

Zum Verzieren:
100 g Bitterschokolade, 70–85 %
ca. 80 Mokkabohnen

1. Gib Mehl, Kaffeepulver, Eigelb, Butter, Honig oder Ahornsirup, Vanille und Schokotröpfchen in den Mixtopf und verarbeite die Zutaten unter Beobachtung in ca. 30 Sekunden/ Teigknetstufe und anschließend 15 Sekunden/ Stufe 5 zu einem homogenen Mürbteig. Wickle den Teig in Frischhaltefolie und lass ihn 30 Minuten im Kühlschrank ruhen. Heize den Backofen auf 160 °C Umluft (180 °C Ober-/ Unterhitze) vor. Lege die Backbleche mit Backpapier aus.

2. Rolle den Teig nach der Ruhezeit zwischen Frischhaltefolie ca. 5 mm dünn aus und steche Herzen aus.

3. Lege die ausgestochenen Plätzchen auf die vorbereiteten Backbleche, backe sie im vorgeheizten Ofen 12 Minuten/ 160 °C Umluft (180 °C Ober-/Unterhitze) und lass sie anschließend auskühlen.

4. Reinige den Mixtopf. Gib die Schokolade in den Mixtopf und lass sie 5 Minuten/ 60 °C/ Stufe 1 schmelzen.

5. Tauche die erkalteten Herzen auf einer Seite in die geschmolzene Schokolade und verziere die Plätzchen mit einer Mokkabohne.

10. Gib diese Masse auf den ausgekühlten Boden und stelle den Kuchen kalt.

11. Bereite nun einen Tortenguss nach Packungsanweisung mit dem roten Tortenguss und 250 ml des aufgefangenen Kirschsafts (ggf. mit Wasser auffüllen) zu. Lass den Tortenguss ca. 1 Minute abkühlen und gieße ihn dann gleichmäßig auf die Quarkmasse. Stelle den Kuchen bis zum Servieren kalt.

Der Schneewittchen-Kuchen ist ein Klassiker aus meiner Kindheit. Meine Mama hat ihn früher oft gebacken, denn er ist recht schnell gemacht, sieht super aus und schmeckt einfach lecker.

Schneewittchen-Kuchen

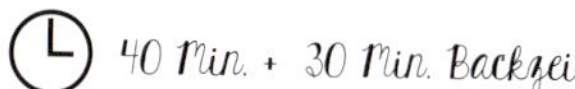

Zutaten

Utensilien:
Springform, Ø 26 cm, Backpapier, Tortenplatte, Tortenring

Für den Rührteig:
100 g Butter, weich
100 g Honig oder Ahornsirup
1 Prise Salz
1 EL Vanilleextrakt
3 Eier, Größe M
200 g Weizen- oder Dinkelmehl, Type 630 oder 1050
2 TL Backpulver
60 g pflanzliche Milch, z.B. Hafermilch oder Mineralwasser
3 EL Kakaopulver, schwach entölt
50 g Zartbitter-Schokotröpfchen

Für den Belag:
1 Glas Sauerkirschen, entsteint, Abtropfgewicht 350 g

Für die Dekoration:
200 g kalte Schlagsahne, mind. 30 % Fett
250 g Speisequark, 20 % Fett
3 EL Honig oder Ahornsirup
1 EL Vanilleextrakt
1 Pck. roter Tortenguss

1. Heize den Backofen auf 160°C Umluft (180°C Ober-/Unterhitze) vor. Kleide die Springform mit Backpapier aus.

2. Schlage die Butter zusammen mit dem Honig oder dem Ahornsirup, dem Salz sowie dem Vanilleextrakt im Mixtopf 40 Sekunden/ Stufe 4,5 schaumig.

3. Lass nun die Eier auf Stufe 4 nach und nach durch die Deckelöffnung gleiten und verrühre jedes Ei ca. 30 Sekunden.

4. Gib zum Schluss die Mehl-Backpulver-Mischung zusammen mit der pflanzlichen Milch oder dem Mineralwasser zur Butter-Ei-Masse und verrühre alles 20 Sekunden/ Stufe 5,5.

5. Fülle die Hälfte des Teigs in die vorbereitete Springform.

6. Verrühre die andere Hälfte des Teigs mit dem Kakaopulver und den Schokotröpfchen 15 Sekunden/ Linkslauf/ Stufe 3 und gib den dunklen Teig auf den hellen Teig.

7. Lass die Kirschen abtropfen, fange aber dabei den Saft auf. Verteile die Kirschen auf dem dunklen Teig und backe den Kuchen im vorgeheizten Backofen 30 Minuten/ 160°C Umluft (180°C Ober-/Unterhitze). Mache am Ende der Backzeit eine Stäbchenprobe. Wenn kein Teig mehr am Holzstäbchen hängen bleibt, ist der Kuchen gar. Ansonsten verlängere die Backzeit um ein paar Minuten.

8. Lass den Kuchen auskühlen, lege ihn dann auf eine Tortenplatte und stelle einen Tortenring drumherum.

9. Reinige den Mixtopf. Setze den Schmetterling in den Mixtopf ein und schlage die Sahne unter Beobachtung auf Stufe 3 steif. Fülle die Sahne in eine separate Schüssel um und entferne den Schmetterling. Gib Quark, Honig und Vanilleextrakt in den Mixtopf und verrühre die Zutaten 20 Sekunden/ Stufe 3. Hebe die steifgeschlagene Sahne mithilfe des Spatels unter die Quarkmasse.

Corinnas Tipp

Eine geschmacksintensivere, allerdings etwas weniger gesunde Variante erhältst du, wenn du die Haferflocken durch Gewürzspekulatius ersetzt.

Spekulatius-Käsekuchen

Was wäre Weihnachten ohne Spekulatius? Und da wir in der Familie alle Käsekuchen lieben, darf dieser herrlich cremige Kuchen mit Spekulatiusboden zur Weihnachtszeit auf keinen Fall fehlen!

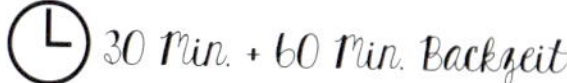

Zutaten

Utensilien:
1 Springform, Ø 26 cm
Backpapier

Für den Boden:
100 g Haferflocken, kernig
25 g Mandeln, ungeschält
25 g getrocknete Datteln oder Rosinen oder 35 g getrocknete Aprikosen
50 g Weizen- oder Dinkelvollkornmehl
25 g Kokosblüten oder Vollrohrzucker
50 g Butter, weich
1 Ei, Größe M
2 TL Spekulatiusgewürz
½ TL Backpulver

Für den Belag:
200 g pflanzliche Milch, z.B. Hafermilch
400 g Kokosmilch
150 g Ahornsirup
4 Eier, Größe M
2 Pck. Vanillepuddingpulver
500 g Magerquark
500 g Speisequark, 20 % Fett

1. Heize den Backofen auf 170°C Umluft (190°C Ober-/Unterhitze) vor. Kleide die Springform mit Backpapier aus.

2. Gib Haferflocken, Mandeln sowie Trockenobst in den Mixtopf und mahle alles 15 Sekunden/ Stufe 10 fein. Schiebe die Reste mit dem Spatel nach unten. Füge nun Mehl, Zucker, Butter, Ei, Gewürz und Backpulver hinzu und vermenge alles 20 Sekunden/ Stufe 5 zu einer bröseligen Masse. Drücke diese Masse mit einem Löffel in der vorbereiteten Springform leicht fest.

3. Reinige den Mixtopf. Verrühre für den Belag zuerst die pflanzliche Milch, den Sirup, die Eier und das Puddingpulver 1 Minute/ Stufe 4. Füge dann den Quark hinzu und rühre alles nochmals 1 Minute/ Stufe 4 cremig. Verteile den Belag vorsichtig auf dem Spekulatiusboden.

4. Backe den Kuchen im vorgeheizten Backofen ca. 60 Minuten/ 170°C Umluft (190°C Ober-/Unterhitze), bis die Füllung beim Rütteln an der Form nur noch leicht wackelt.

5. Lass den Kuchen vor dem Servieren gut auskühlen, am besten über Nacht.

Corinnas Tipp
Wenn du an Weihnachten noch mehr schlemmen willst, kannst du die noch warmen Plätzchenoberteile kurz in Rohrohrzucker legen, so erhalten die Plätzchen eine schöne glitzernde Oberfläche.

Spitzbuben

Spitzbuben sind einfach ein Weihnachtsklassiker. Die gesunde Variante darf somit auf keinen Fall auf dem Plätzchenteller fehlen!

Zutaten

Utensilien:
2 Backbleche, -papier
Frischhaltefolie
Spitzbuben-Ausstechform

Für den Mürbteig:
250 g Mandeln, ungeschält
300 g Dinkelmehl, Type 630
70 g Honig + 30 g Kokosblüten- oder Vollrohrzucker, alternativ: 100 g Rohrohrzucker
1 EL Vanilleextrakt, alternativ: 1 Pck. Vanillezucker
250 g Butter, kalt, in Stücken

Für die Füllung:
150 g säuerlicher Fruchtaufstrich ohne Kerne, z.B. Johannisbeere oder Himbeere

1. Mahle die Mandeln im Mixtopf 10 Sekunden/ Stufe 10 fein. Schiebe die Reste mit dem Spatel nach unten.

2. Gib Mehl, Honig, Zucker, Vanille und Butter in den Mixtopf dazu und verarbeite die Zutaten unter Beobachtung ca. 30 Sekunden/ Teigknetstufe und anschließend 20 Sekunden/ Stufe 5 zu einem homogenen Mürbteig. Wickle diesen in Frischhaltefolie ein und lass ihn über Nacht im Kühlschrank ruhen.

3. Heize am nächsten Tag den Backofen auf 160°C Umluft (180°C Ober-/ Unterhitze) vor. Lege die Backbleche mit Backpapier aus.

4. Rolle den Teig zwischen Frischhaltefolie ca. 3–5 mm dünn aus und steche Unter- und passende Oberteile mit der Spitzbubenform aus.

5. Lege die ausgestochenen Plätzchen auf die vorbereiteten Backbleche und backe die Plätzchen 10 Minuten/ 160°C Umluft (180°C Ober-/ Unterhitze). Sie sollten noch hell sein. Lass die Plätzchen auf einem Kuchengitter auskühlen.

6. Koche für die Füllung den Fruchtaufstrich auf, lass ihn ein wenig abkühlen und gib jeweils ca. 1 TL Fruchtaufstrich auf die Unterteile der Plätzchen und bedecke sie mit den Oberteilen.

Vanillekipferl

Vanillekipferl gehören vermutlich in allen Familien zu den Standardweihnachtsplätzchen. Die gesunde Variante kommt ohne zusätzlichen Zucker zum Wenden aus. Aber klassisch ist natürlich der Zuckermantel, den man sich an Weihnachten auch mal gönnen kann.

Zutaten

Utensilien:
2 Backbleche, -papier

Für den Mürbteig:
100 g Mandeln, ungeschält
200 g Dinkelmehl, Type 630
140 g Butter, kalt, in Stücken
50 g Honig + 30 g Kokosblüten- oder Vollrohrzucker, alternativ: 80 g Rohrohrzucker
1 EL Vanilleextrakt, alternativ: 1 Pck. Vanillezucker
1 Eiweiß, Größe M

Nach Belieben zum Wenden:
50 g Puderzucker
1 EL Rohrohrzucker
Mark von ½ Vanilleschote

1. Mahle die Mandeln im Mixtopf 10 Sekunden/ Stufe 10 fein. Schiebe die Reste mit dem Spatel nach unten.

2. Gib Mehl, Butter, Honig, Zucker, Vanilleextrakt und Eiweiß in den Mixtopf und verarbeite die Zutaten unter Beobachtung in ca. 30 Sekunden/ Teigknetstufe und anschließend 30 Sekunden/ Stufe 5 zu einem homogenen Mürbteig. Wickle den Teig in Frischhaltefolie und lass ihn ca. 1 Stunde im Kühlschrank ruhen, dann lassen sich die Kipferl besser formen.

3. Heize den Backofen auf 160°C Umluft (180°C Ober-/ Unterhitze) vor. Lege die Backbleche mit Backpapier aus.

4. Forme den Teig portionsweise zu Röllchen, schneide dann ca. 5 cm lange Stücke ab und biege diese zu Hörnchen.

5. Lege die Kipferl auf die vorbereiteten Backbleche und backe sie im vorgeheizten Ofen 12 Minuten/ 160°C Umluft (180°C Ober-/Unterhitze), bis sie goldgelb sind.

6. Lass die Vanillekipferl ein wenig abkühlen und wende die noch warmen Plätzchen nach Belieben in dem Vanille-Puderzucker-Gemisch.

Corinnas Tipp
Bereite den Hefeteig und die Füllung schon am Vorabend vor und lasse den Hefeteig und die Füllung abgedeckt im Kühlschrank gehen bzw. durchziehen. Nimm den Teig ca. 1 Stunde, bevor du die Schweinchen formen möchtest, aus dem Kühlschrank.
Zum Bestreichen und Verzieren:
1 Eigelb, Größe M
1 EL Wasser
24 Rosinen

Glücksschweinchen mit Nussfüllung

Diese Glücksschweinchen sind ein tolles Neujahrsgeschenk. Auch bei Kindern kommen sie super an – egal zu welcher Jahreszeit – und sind der Hit bei Kindergeburtstagen!

Zutaten

Utensilien:
2 Backbleche, -papier, runde Ausstecher, Ø 8 + 4 cm, 1 tropfenförmiger kleiner Ausstecher, Frischhaltefolie, Backpinsel

Für den Hefeteig:
200 g pflanzliche Milch, z.B. Hafermilch
¼ Würfel Frischhefe
50 g Kokosblüten- oder Vollrohrzucker
500 g Dinkelmehl, Type 630 oder 400 g Dinkelmehl, Type 630 + 100 g Vollkornmehl
1 Ei + 1 Eiweiß, Größe M
1 TL Salz
50 g Butter, kalt, in Stücken

Für die Füllung:
100 g Haselnüsse oder Mandeln, ungeschält, nach Belieben geröstet, das verstärkt das Nussaroma
50 g Honig oder Ahornsirup
40 g pflanzliche Milch, z.B. Hafermilch
¼ TL Zimt
5 Tropfen Bittermandelaroma, nach Belieben

1. Erwärme die pflanzliche Milch mit der Hefe und dem Zucker 3 Minuten/ 37°C/ Stufe 1. Gib Mehl, Ei, Eiweiß und Salz in den Mixtopf und knete alles 2 Minuten/ Teigknetstufe. Füge nun die Butter hinzu und knete den Teig nochmals 1 Minute/ Teigknetstufe geschmeidig. Fülle den Teig in eine eingeölte Schüssel um und lass ihn in ca. 1 Stunde mit Frischhaltefolie und einem Geschirrtuch abgedeckt an einem warmen Ort gehen, bis sich sein Volumen verdoppelt hat. Du kannst den Teig auch über Nacht gehen lassen (s. Tipp).

2. Reinige den Mixtopf. Mahle für die Füllung die Nüsse oder Mandeln 10 Sekunden/ Stufe 8 fein. Schiebe die Reste mit dem Spatel nach unten. Gib Honig oder Ahornsirup, pflanzliche Milch, Zimt und Aroma hinzu und verarbeite alles 15 Sekunden/ Stufe 5 zu einer geschmeidigen Masse.

3. Rolle den aufgegangenen Teig auf einer bemehlten Arbeitsfläche ca. 0,5 cm dick aus und steche 24 Kreise à Ø 8 cm für die Gesichter aus. Steche außerdem 12 Kreise à Ø 4 cm für die Schnauzen und 12 Kreise à Ø 4 cm für die Ohren aus.

4. Drücke bei den Schnauzen jeweils auch zwei kleine Nasenlöcher mit Hilfe des tropfenförmigen Ausstechers heraus und schneide die Ohrkreise in der Mitte durch.

5. Lege nun die Hälfte der Gesichtskreise auf die mit Backpapier ausgelegten Backbleche und verteile die Nussfüllung mittig darauf. Bestreiche die Ränder mit dem mit Wasser verquirlten Eigelb und lege die andere Hälfte der Gesichtskreise darauf und drücke die Ränder fest.

6. Bestreiche die Gesichtskreise komplett mit dem Eigemisch und setze die Schnauzen in der unteren Hälfte des Gesichts auf. Bestreiche auch die Schnauzen mit dem Ei.

7. Drücke die Ohren seitlich an die Gesichtskreise an und bestreiche auch sie mit dem Ei. Drücke zum Schluss die Rosinen als Augen in die Gesichter.

8. Heize den Backofen auf 160°C Umluft (180°C Ober-/Unterhitze) vor und lass die Schweinchen 10–15 Minuten gehen. Backe sie dann im vorgeheizten Ofen 15 Minuten/ 160°C Umluft (180°C Ober-/Unterhitze) goldgelb.

Corinnas Tipp

Ich bereite den Hefeteig oft schon am Vorabend vor und lasse ihn dann mit Frischhaltefolie abgedeckt im Kühlschrank gehen. Dann nehme ich den Teig am Neujahrstag ca. 1 Stunde vor dem Formen aus dem Kühlschrank und backe die Brezel wie im Rezept beschrieben.

Neujahrsbrezel

Die Neujahrsbrezel ist bei uns in der Familie schon ein Muss beim gemütlichen Frühstück, Brunch oder Nachmittagskaffee am Neujahrstag. Noch lauwarm nur mit Butter oder Marmelade bestrichen einfach soooo lecker!

Zutaten

Utensilien:
Backblech, -papier
Frischhaltefolie
Backpinsel

Für den Hefeteig:
200 g pflanzliche Milch, z.B. Hafermilch
½ Würfel Frischhefe
30 g Kokosblüten- oder Vollrohrzucker
30 g Honig oder Ahornsirup
600 g Dinkelmehl, Type 630 oder 500 g Dinkelmehl, Type 630 + 100 g Vollkornmehl
1 Ei + 1 Eiweiß, Größe M
1 gehäufter TL Salz
50 g Butter, weich

Zum Bestreichen und Bestreuen:
1 Eigelb, Größe M
1 EL Wasser
Mandelstifte oder Mandelblättchen
Hagelzucker, nach Belieben

1. Erwärme die pflanzliche Milch mit der Hefe, dem Zucker und dem Honig 3 Minuten/ 37°C/ Stufe 1. Gib Mehl, Ei, Eiweiß und Salz in den Mixtopf und knete den Teig 2 Minuten/ Teigknetstufe. Füge nun die Butter hinzu und knete alles erneut 1 Minute/ Teigknetstufe zu einem geschmeidigen Teig. Fülle den Teig in eine eingeölte Schüssel um und lass ihn ca. 1 Stunde mit Frischhaltefolie und einem Geschirrtuch abgedeckt an einem warmen Ort gehen, bis sich sein Volumen verdoppelt hat. Du kannst den Teig auch über Nacht gehen lassen (s. Tipp).

2. Forme aus dem aufgegangenen Teig eine Brezel. Entweder kannst du diese aus einem langen Strang formen oder du flechtest zuvor einen langen Dreistrangzopf und legst diesen im Anschluss zur Brezel.

3. Heize den Backofen auf 180°C Umluft (200°C Ober-/Unterhitze) vor.

4. Lege die geformte Brezel auf das mit Backpapier ausgelegte Backblech, bestreiche sie mit dem mit Wasser verquirlten Eigelb und verziere sie mit den Mandelstiften, Mandelblättchen oder nach Belieben mit dem Hagelzucker.

5. Lass die Brezel nochmals ca. 15 Minuten abgedeckt gehen.

6. Backe nun die Brezel im vorgeheizten Ofen 30 Minuten/ 180°C Umluft (200°C Ober-/Unterhitze) goldgelb.

Danksagung

Ganz besonders möchte ich mich bei meiner Mama bedanken, die mich sehr beim Testen und Entwickeln der Rezepte und Erstellen der Fotos unterstützt hat.

Mein herzlicher Dank geht an die Herausgeberin Antje Heel und die Lektorin Annemarie Ulrich für die vertrauensvolle Zusammenarbeit sowie an alle anderen Verlagsmitarbeiterinnen, die an meinem Buchprojekt beteiligt waren.
Von ganzem Herzen danke ich auch meinem Mann und meinem Papa. Beide standen mir wieder, wie bereits beim ersten Buch, als „mutige“ Testesser zur Seite.

Und nun viel Spaß beim Nachbacken und Genießen der Rezepte!

Eure Corinna

Corinna Nuber
mixtipp:
Gesundes Backen
Kochen mit dem Thermomix®
200 Seiten,
112 Seiten,
Format: 17 x 24 cm, Klappenbroschur,
durchgehend farbig bebildert,
ISBN: 978-3-96058-283-0,
9,99 €

Körper und Seele etwas Gutes tun... Süße Sünden wie Kuchen auch ohne schlechtes Gewissen essen? Was man dafür braucht? Kuchenliebe... und die Rezepte unserer Autorin Corinna Nuber, mit denen sie uns beweist, dass die meisten Rezepte auch sehr gut mit der Hälfte der angegebenen Zuckermenge auskommen und trotzdem richtig lecker schmecken.
Unsere Autorin ist leidenschaftliche Kuchenesserin und auch Sportlerin. Das brachte sie darauf, mit ihren geliebten Kuchenrezepten zu experimentieren und gesunde Alternativen zu entwickeln. In diesem Buch hat sie eine bunte Mischung altbekannter und neu entworfener Leckereien zusammengestellt. Vom „kleinen Klassiker“ wie Schokobananen oder Nusshörnchen, bis zum Käsekuchen und „Waffelträumen“ ist alles dabei, was sich ein Kuchenliebhaberherz zum Glücklichsein wünscht.
Für die Zubereitung der Kuchen benötigt man keinerlei industriell hergestellten Zucker. Süß und schmackhaft gelingen sie mit gesunden Zutaten und natürlichen Süßungsmitteln wie Honig, Ahornsirup oder Datteln.
Gesunder Genuss ohne Reue!

Rüdiger Busche
mixtipp:
Clean Eating
Kochen mit dem Thermomix®
128 Seiten,
Format: 17 x 24 cm,
Klappenbroschur,
durchgehend farbig bebildert,
ISBN: 978-3-96058-108-6,
9,99 €

In heutigen Zeiten benötigen wir cleane Lebensmittel mehr denn je. Durch Fertiggerichte, Gewürzmischungen oder zubereitete Obst- und Gemüsesorten führen wir uns immer mehr Geschmacksverstärker und Zuckersorten zu, die für eine gesunde Ernährung völlig überflüssig sind. Clean Eating hingegen öffnet das Bewusstsein für Lebensmittel, die bei vielen längst in Vergessenheit geraten waren, immer mit den Prämissen: Saisonal, regional, unverarbeitet! Frisch, keine Zusatzstoffe, weniger Salz, keine Süßstoffe, kaum Zucker.
Rüdiger Busche, Pionier der LowCarb-Küche in Deutschland, hat schon immer mit frischen Zutaten gekocht, um sich und seine Familie gesund zu ernähren. Mit dem Team mixtipp stellt er hier seine neuesten und spannendsten Rezepte vor, vom Römischen Risotto mit Emmer, Roter Beete und Pflaumen über Tiroler Spinatknödel und Spargel Carbonara bis hin zu der selbstgemachten Instant-Gemüsebrühe.
Entscheide dich fürs Clean Eating. Der Thermomix® hilft dir dabei!

Elisa Tschiplakow
Vegetarisch schlemmen
Kochen mit dem Thermomix®
ca. 150 Seiten,
Format: 19 x 23 cm,
Flexocover,
durchgehend farbig bebildert,
ISBN: 978-3-96058-384-4,
14,99 €

Elisa kocht für ihr Leben gern und teilt diese Leidenschaft seit 2016 auf ihrem Blog „Elisa kocht.de". Sie hat sich aus persönlichen Gründen vor einigen Jahren dafür entschieden, sich nur noch vegetarisch zu ernähren. Dabei ist sie sehr kreativ und zeigt wie abwechslungsreich und bunt die vegetarische Küche sein kann. In diesem Buch vereint sie beliebte Rezepte von ihrem Blog mit neuen Rezepten, die sie exklusiv für dieses Buch entwickelt hat!
Viel Spaß beim Entdecken von Elisas vegetarischer Welt!

Laura Wieland
mixtipp:
Vegane Rezepte
Kochen mit dem Thermomix®
112 Seiten,
Format: 19 x 23 cm,
Flexcover,
durchgehend farbig bebildert,
ISBN: 978-3-96058-087-4,
14,99 €

Ethisch, vielfältig und bunt - die vegane Küche ist so entdeckungslustig und international wie kaum eine andere! Ob du dich selbst vegan ernähren oder für vegane Freunde ein Essen zubereiten möchtest, hier findest du gesunde, abwechslungsreiche Rezepte von Couscous-Salat über Maronencremesuppe bis zum Marokkanischen Gemüsetopf - natürlich ganz ohne tierische Zutaten! Alle lassen sich ganz leicht mit dem TM5® und TM31® zubereiten - das Schneiden von Gemüse und Obst erledigt der Thermomix® für dich.
Laura Wieland hat in diesem Buch die leckersten und originellsten veganen Rezeptideen aus ihrer Sammlung zusammengestellt. Zusätzlich findest du viele Tipps zu veganen Zutaten und Zubereitungsarten, mit denen du selbst ganz nach deinem Geschmack traditionelle Gerichte neu entdecken und vegane Köstlichkeiten kreieren kannst.

Amelie von Kruedener
mixtipp:
Französische Küche
Kochen mit dem Thermomix®
112 Seiten,
Format: 19 x 23 cm,
Flexocover,
durchgehend farbig bebildert,
ISBN: 978-3-96058-282-3,
14,99 €

Begib dich mit uns auf eine kulinarische Reise nach Frankreich! Unsere Autorin Amelie von Kruedener führt uns mit ihren Rezepten vor Augen, warum die französische Küche für ihre Vielseitigkeit weltberühmt geworden ist. Gutes Essen und die französische Lebensart sind untrennbar miteinander verbunden. Für neue und traditionelle französische Leckereien hat Amelie von Kruedener großartige Varianten für den Thermomix® gefunden.
Vive la France!

Annemarie Ulrich
mixtipp:
Skandinavische Küche
Kochen mit dem Thermomix®
112 Seiten,
Format: 19 x 23 cm,
Flexocover,
durchgehend farbig bebildert,
ISBN: 978-3-96058-339-4,
14,99 €

Spätestens seitdem ein großer Möbelhersteller aus Schweden seine Filialen rund um die Welt eröffnet hat und dort fleißig Köttbullar (Fleischklöße) verkauft, ist es vor allem das, was die meisten mit der skandinavischen Küche im Allgemeinen verbinden. Dabei kann sie viel mehr: Sie vereint nicht nur unterschiedliche Länderküchen (Dänemark, Schweden, Norwegen und Finnland) miteinander, sondern bringt damit auch eine Vielfalt von Aromen und Geschmäckern mit sich.
Die Sommer in Skandinavien sind kurz, die Winter lang. Das, was im Sommer wächst und gedeiht, wird eingelegt und eingekocht und für den Winter bevorratet. Zur traditionsreichen schwedischen fika (Kaffeepause) dürfen Zimtschnecken und anderes Gebäck nicht fehlen.
Begib dich mit uns auf eine Reise durch die skandinavischen Länder und entdecke die kulinarische Vielfalt. Wie immer ist alles ganz leicht in deinem Thermomix® nachzukochen.
Wir wünschen dir viel Freude und smaklig måltid!

Alexander Pestl
Geschenkideen
Aus der Küche mit dem Thermomix®
120 Seiten,
Format: 19 x 23 cm,
Flexocover,
durchgehend farbig bebildert,
ISBN: 978-3-96058-383-7,
14,99 €

Alex und Tina sind die sympathischen Gesichter hinter dem 2014 gegründeten Foodblog „Habe-ich-selbstgemacht.de“. Mittlerweile umfasst der Blog schon mehrere hundert Rezepte. Für dieses Buch haben sie in ihrem Fundus gestöbert und zusätzlich ganz neue Rezepte entwickelt, die es noch nicht auf ihrem Blog zu finden gibt! Entstanden ist eine wunderbare Sammlung an Geschenkideen aus der Küche für jeden Anlass: Selbstgemacht, nicht gekauft. Verblüffend einfach, ohne Geschmacksverstärker und Konservierungsstoffe und viele davon zudem noch gesund: einfach gemixt im Thermomix®!

Amelie von Kruedener
mixtipp:
Bowls
Kochen mit dem Thermomix®
112 Seiten,
Format: 19 x 23 cm,
Flexcover,
durchgehend farbig bebildert,
ISBN: 978-3-96058-087-4,
14,99 €
Erscheint ca. Mai 2022

Bowls, bunt, frisch, gesund und einfach nur lecker! Bowls erobern gerade weltweit die Food-Szene! Ob vegetarisch, mit Fisch oder Fleisch oder als süße Variante, Bowls sind unglaublich vielseitig! Das tolle ist, der Thermomix® ist ein super Begleiter bei der Zubereitung der bunten Bowls! In diesem Buch präsentieren wir euch eine farbenfrohe Vielfalt, wo es in der Küche garantiert nie langweilig wird! Seid ihr schon neugierig auf unsere Rezepte? Geschmacksexplosionen sind garantiert!

Ina-Maria Klups
mixtipp:
Heilmittel
Hergestellt mit dem Thermomix®
112 Seiten,
Format: 19 x 23 cm,
Flexocover,
durchgehend farbig bebildert,
ISBN: 978-3-96058-110-9,
14,99 €

Ist die nächste Erkältung schon wieder im Anflug? Quälen dich schon seit Tagen Rückenschmerzen? Hast du Bauchschmerzen oder einfach nur trockene Hände? Dann zeigen wir dir jetzt, wie du mit dem Thermomix® deinem Ärger ein Ende bereiten kannst.
Unsere Autorin Ina-Maria Klups, erfahrene pharmazeutisch-technische Assistentin, zeigt dir hier, wie du in Windeseile Hausmittel für Gesundheit und Pflege ganz einfach im Thermomix® herstellen kannst. Rezepturen für jung und alt, vom Hustensaft bis zur Anti-Bauchweh-Creme für Babys, sind in diesem Buch enthalten. Auch bei der Suche nach Pflegeprodukten für den ganzen Körper, wie eine Handcreme gegen Putzhände oder ein Lippenbalsam mit Honig, wirst du hier fündig.
Somit steht deiner ganz persönlichen Hobbythek nun nichts mehr im Wege. Tu dir was Gutes!

Ulrike Behmer
mixtipp:
All in One
One-Pot-Gerichte aus dem Thermomix®
120 Seiten,
Format: 19 x 23 cm,
Klappenbroschur,
durchgehend farbig bebildert,
ISBN: 978-3-96058-126-0,
14,99 €

All in One – Alles in Einem, hier sagt der Name eigentlich schon alles, in diesem Buch braucht ihr nämlich nur Einen: euren Thermomix®!
Unsere Autorin Ulrike Behmer hat in diesem Buch über 40 leckere Rezepte aus ihrer reichhaltigen Sammlung zusammengestellt, die vor allem eins versprechen: Kochen ganz ohne Stress! Vom glasierten Honigkassler bis zum exotischen Putencurry, sowohl im TM5® als auch im TM31® sind diese Gerichte im Handumdrehen zubereitet und die ganze Familie ist satt und glücklich! Entweder kann alles zusammen im Mixtopf zubereitet werden oder die Zutaten werden auf Mixtopf und Varoma® verteilt. Eins gilt auf jeden Fall: Ihr könnt euch entspannen und der Thermomix® erledigt für euch den Rest!